EVA-MARIA BAST | CATHÉRINE FISCHER

Wolfsburger
Geheimnisse

**50 SPANNENDE GESCHICHTEN AUS
DEUTSCHLANDS AUTO-HAUPTSTADT**

WOLFSBURGER
NACHRICHTEN

Bast, Eva-Maria; Fischer, Cathérine
Wolfsburger Geheimnisse – 50 spannende Geschichten
aus Deutschlands Auto-Hauptstadt

WOLFSBURGER NACHRICHTEN in Kooperation mit:
Bast Medien GmbH, Münsterstr. 35, 88662 Überlingen
(verantwortlich)
1. Auflage 2017
ISBN: 978-3-946581-18-5

Copyright: Bast Medien GmbH
Ressortleitung: Heike Thissen
Lektorat: Simone Schelk
Covergestaltung: Jarina Binnig, Cornelia Müller, Carina Regauer
Layout: Homebase – Kommunikation & Design, Jarina Binnig
Grafik: Maps4News & HERE (Karte)
Satz: Carina Regauer
Druck: werk zwei Print+Medien Konstanz GmbH

Ein Titel aus der preisgekrönten Reihe „Geheimnisse der Heimat"

Inhalt

Vorwort

A utos! Autos! Autos! Sie haben Wolfsburg groß und zu einer der wohlhabendsten Städte Deutschlands gemacht. Jeder kennt Volkswagen, das rot verklinkerte Hochhaus mit dem riesigen VW-Logo auf dem Dach, die Schlote des Kraftwerks, die Zwillingstürme der „Autostadt", das spektakuläre Science-Center „Phaeno", das es ohne VW so wenig geben würde wie das weltweit renommierte Kunstmuseum.

Wolfsburg überwältigt den Besucher mit seiner Kraft und Dynamik – so jung und radikal ist keine andere Stadt in Deutschland. Keine wird so eindeutig von einem einzigen Unternehmen beherrscht, dessen Ausdehnung auf der einen Seite des Aller-Kanals die Wohn-, Geschäfts- und Arbeitsstadt auf der anderen zu erdrücken scheint.

Aber Wolfsburg ist mehr als Sitz und Kraftzentrum des weltgrößten Autoherstellers. Diese Stadt hat ihre ganz eigene Identität gefunden. Wolfsburg ist Heimat von Menschen aus allen Teilen der Welt, sie haben hier Wurzeln geschlagen und eine Gemeinschaft aufgebaut, deren Wärme und Farbenpracht mindestens so überwältigend ist wie ihre industrielle Potenz. Wolfsburg ist „die größte italienische Stadt nördlich der Alpen", ist – nicht nur durch den VfL – eine Sport-Großstadt, ist eine Stadt der kleinen bürgerschaftlichen Initiativen, die sich mit Mühe gegen die Weltklasse-Importe von Lang Lang bis B.B. King behaupten, die VW-Geld möglich macht.

Wolfsburg ist wohlhabend, und doch spürt jeder Besucher, dass dies keine Stadt des Protzes und Pomps ist. Wolfsburg hat sich im Kern seine proletarische Identität bewahrt. Das hat mit den vielen tiefen Krisen zu tun, die diese Stadt erlebte und überlebte. Wolfsburger wissen, wie schnell auf den Höhenflug der Absturz folgen kann. Als sich in den Siebzigerjahren der „Käfer" nicht mehr verkaufte, standen VW und diese Stadt vor dem Abgrund. Wer sich wundert, warum an einer der wichtigsten Ausfallstraßen die überdimensionierte Skulptur eines „Golf" steht, findet in dieser Krise die Erklärung: Was für die Welt nur ein Gebrauchsfahrzeug ist, war für diese Stadt und ihre Menschen die Rettung. Als Volkswagen in den Neunzigern durch flaue Konjunktur und Managementfehler in Milliardenverluste rutschte, überschrieb der „Spiegel" seinen Bericht mit dem Zitat „Man kann nur beten". Zehntausende Arbeitsplätze standen im Feuer. Neue Arbeitszeitmodelle und die gemeinsame Kraft des Unternehmens und seiner Beschäftigten brachten schließlich die Wende – Kapital und Arbeit kämpften Seite an Seite. Nirgendwo sonst auf der Welt findet man Gewerkschafter, die so selbstverständlich mit am Ruder eines Großunternehmens sind. Nun erschüttert der Dieselskandal die Stadt. Wolfsburg wird auch diese Krise überwinden, wie alle Krisen zuvor.

Wolfsburg ist eine großartige Stadt, die vor allem jene überraschend wird, die ihr den zweiten Blick gönnen. Dieses Buch öffnet Türen, lässt uns die Gesichter und die Zwischentöne einer faszinierenden, in mehr als einer Hinsicht reichen Kommune erleben. Die WOLFSBURGER NACHRICHTEN wünschen Ihnen viel Vergnügen – eine einzigartige Entdeckungsreise erwartet Sie!

Herzlichst, Ihr

Armin Maus
Chefredakteur Wolfsburger Nachrichten

Die Autorinnen

Eva-Maria Bast, Jahrgang 1978, arbeitet seit 1996 als Journalistin. 2011 gründete sie mit Heike Thissen das Redaktionsbüro „Büro Bast & Thissen", das 2013 in „Bast Medien" überging. Eva-Maria Bast initiierte und schreibt die Buchreihe „Geheimnisse der Heimat", die 2011 startete, rasch zu einem regionalen Bestseller wurde und im Jahr 2017 in 42 Bänden vorliegt. Sie wurde für ihre Arbeit mehrfach ausgezeichnet, unter anderem erhielt sie mit dem Südkurier für die „Geheimnisse" den Deutschen Lokaljournalistenpreis der Konrad-Adenauer-Stiftung in der Kategorie „Geschichte". 2012 begann Bast, sich der Belletristik zu widmen. Neben zwei Krimis erschien ihre Mondjahre-Trilogie, eine zeitgeschichtliche Jahrhundert-Saga. Seit Juni 2015 ist sie Gastdozentin an der Hochschule der Medien Stuttgart. 2016 erweiterte Bast ihr Verlagsprogramm unter anderem um „Women's History", das erste deutschsprachige Magazin über Frauen in der Geschichte. Eva-Maria Bast lebt mit ihrer Familie am Bodensee.

Cathérine Fischer, Jahrgang 1989, schloss im Jahr 2014 ihren Master in Germanistischer und Romanistischer Literaturwissenschaft an der Ludwig-Maximilians-Universität in ihrer Heimatstadt München ab. Seitdem ist sie als freiberufliche Lektorin und Autorin tätig, bearbeitet aus dem Englischen und Französischen übersetzte Texte, schreibt Artikel für einen München-Blog und arbeitet als Stadtführerin. Als Autorin für die Reihe „Geheimnisse der Heimat" des Bast-Medien-Verlags kann sie seit 2016 ihre Liebe zur Sprache, Literatur, Fotografie, zum Reisen und für das als Stadtführerin oft aufgespürte Geheimnisvolle hinter dem Offensichtlichen vereinen. Cathérine Fischer hat eine Zeitlang in Paris gelebt und wohnt nun wieder in München.

Steine mit Löchern

Von der Autobrücke zur Brücke Gottes

Wenn man es weiß, sieht man sie überall, die Löcher in den großen Steinen, die die Anlage der St.-Christophorus-Kirche umgeben. Reinhold und Elisabeth Kulbe kennen die Geschichte dieser vielen Löcher und wissen, dass sie Relikte einer Brücke sind, die einmal gebaut werden sollte. Allein, die Pläne blieben Pläne, in die Tat umgesetzt wurde das Vorhaben nie.

„Die alte Fallersleber Straße führte ab der späteren Heinrich-Nordhoff-/Ecke Saarstraße im Bogen in südwestlicher Richtung über die heutige Königsberger Straße bis zur Auffahrt der zweiten Sandkämper Brücke", beginnt Reinhold Kulbe die Geschichte hinter den rätselhaften Löchern zu erzählen. 1939 wurde zwischen diesen beiden Punkten in direkter Linie die Trasse der Heinrich-Nordhoff-Straße als betonierte Straße angelegt. „Im Plan des Architekten Petter Koller war eine Brücke ausgewiesen", erzählt Reinhold Kulbe weiter. „Sie sollte die neue Straße, die Bahnlinie und den Kanal in Richtung Norden überqueren."

Hinter den Löchern in den Steinen steckt eine spannende Geschichte.

Gedacht, getan: Die Erdarbeiten im Bereich der heutigen Martin-Luther-Straße begannen. „Massive Steinblöcke wurden zu der Baustelle transportiert, aus denen die Brücke gebaut werden sollte", sagte Kulbe. Damit die Brocken bewegt werden konnten, habe man Löcher in die Steine gebohrt. „Sie wurden mit einem Zangengriff gefasst und emporgehoben", schildert der Alt-Wolfsburger die Vorgehensweise. Doch dann, 1939, brach der Zweite Weltkrieg aus. „Man hat die Kräfte anderswo bündeln müssen", erklärt Kulbe. „1941 wurde das Projekt eingestellt und in den Folgejahren nicht wieder angegangen."

Das Ehepaar Reinhold und Elisabeth Kulbe auf den geschichtsträchtigen Steinblöcken.

11

Auch nach dem Krieg habe offensichtlich keiner daran gedacht, die Brücke zu realisieren. Doch zehn Jahre später fanden die Steine dann anderweitig Verwendung: „1951 wurde die St. Christophorus-Kirche an der Pestalozzi-Allee gebaut." Wolfsburg war erst 13 Jahre zuvor als „Stadt ohne Kirchen" gegründet worden (siehe Geheimnis 34), eine katholische Kirche gab es nicht. Zunächst pilgerten die Katholiken zum Gottesdienst in die Wellblechkapelle nach Fallersleben, ehe die Notkirche in Heßlingen Heimat der katholischen Christen wurde.

„Sie sollte die neue Straße, die Bahnlinie und den Kanal in Richtung Norden überqueren."

Am 17. September 1950, um 17 Uhr, vollzogen Pfarrer Antonius Holling und das Gemeindemitglied Prof. Dr. Heinrich Nordhoff, der 1948 die Leitung des Volkswagenwerks übernahm und Holling alle erdenkliche Unterstützung zukommen ließ, den 1. Spatenstich zum Bau der Kirche. Das katholische Gotteshaus wurde am 12. August 1951 feierlich eingeweiht und als Patron der Heilige Sankt Christophorus erwählt (siehe Geheimnis 07), der Schutzheilige der Autofahrer. Was wäre passender für eine Autostadt?

„Als es an die Gestaltung der Außenanlagen ging, erinnerte man sich daran, dass an der Fallersleber Straße die vielen großen Steine liegen", sagt Elisabeth Kulbe. „Also wurden sie hergebracht und für die Einfassung der Grünflächen verwendet. So erhielten die großen Quader einer nie in dieser Form gebauten Brücke einen neuen Sinn – als Brücke Gottes."

Die Löcher, die sich bereits in den grauen Brocken befanden, waren beim Transport sicherlich dienlich.

Eva-Maria Bast

....

So geht's zu den Steinen mit Löchern:

Die Steinbrocken liegen rings um die St.-Christophorus-Kirche. Diese steht an der Pestalozzi-Allee/Antonius-Holling-Weg 19.

Bei genauem Hinsehen kann man es über dem Schild erkennen: Da steckt ein Stück Holz im Turm!

Holzstück
Die Kraft entfesselter Naturgewalten

E s dauerte nur vier Minuten. Aber in diesen vier Minuten ging auf dem Gebiet der heutigen Stadt Wolfsburg die Welt unter. Das Ereignis vom 22. Juli 1910 ist, wie der Alt-Wolfsburger Gustav Schlesinger sagt, längst in Vergessenheit geraten. Doch wenn er am Turm der Kirche St. Marien nahe dem Schloss vorbeikommt, dann muss er immer an jenen Wirbelsturm im Allertal denken – den er freilich nicht selbst erlebt hat, dazu ist das Ereignis zu lange her. Doch Gustav Schlesinger weiß, dass im Mauerwerk des Turmes ein kleines Stück Holz steckt – man kann es nur erkennen, wenn man ganz genau hinsieht. Darunter das Datum, an dem das Holz in die Mauer gelangte: *22.7.1910.*

„Der Sturm, der damals über Wolfsburg hinwegfegte, war so heftig, dass er den Dachsparren, den er anderswo hinuntergerissen hatte, in den Stein trieb. Dass das überhaupt möglich ist!", staunt Gustav

Schlesinger noch heute über das Ereignis, mit dem er sich ausgiebig beschäftigt hat und von dem er mehrere Zeitungsartikel vorlegen kann. In den „Braunschweigischen Anzeigen" heißt es am 24. Juli 1910: „Schwere Gewitter haben in der vorigen Nacht stattgefunden. Die Witterungsverhältnisse am gestrigen Nachmittag waren höchst bedenklich. Das Barometer fiel, die Temperatur stieg erheblich und die Luft war dunstschwer. Nach 11 Uhr (nachts) hörte man fernen Donner."

Das Gewitter, berichtet der Journalist, habe im Nordosten begonnen und sei dann über den Norden in den Nordwesten gezogen. „Blitz folgte auf Blitz. Dann fegte ein gewaltiger Sturmstoß daher." Ganz besonders schlimm sei das Gewitter in Fallersleben und Vorsfelde gewesen, dort habe sich eine Windhose gebildet und an Bäumen und Häusern „unermeßlichen Schaden" angerichtet. „Bei Schloss Wolfsburg wurde der schöne Schlosspark ganz schön in Mitleidenschaft gezogen", sagt Schlesinger. In einem Artikel über die Folgen des Sturmes steht: „Furchtbar hat der Sturm in dem gräflich Schulenburgschen Park gehaust. Kein Baum ist unbeschädigt. Uralte, mächtige Baumriesen wurden wie Streichhölzer geknickt oder ausgerissen. Der ganze Park bildet ein wüstes Durcheinander, das jedes Durchkommen verhindert."

Gustav Schlesinger hat die Geschichte zum Holzstück im Turm recherchiert.

Und: „Das Schloss selbst wurde teilweise abgedeckt, und der strömende Regen drang durch die Decken bis in die untersten Stockwerke", erinnert sich der ehemalige Fotograf an die Beschreibungen des Unwetters. Auch die „Braunschweigischen Nachrichten" berichteten: „Der Schaden, den die Windhose anrichtete, ist einstweilen unschätzbar. Die Windhose setzte bei den letzten Häusern von Fallersleben ein. Dort hatte sie die Dächer des Bahnhofes der

Landesbahn größtenteils abgedeckt." Doch nicht nur Häuser wurden abgedeckt und Bäume gefällt: Auch Wagen schleuderte der Sturm durch die Luft, der Heuwagen am Bahnhof zum Beispiel wurde „hochgehoben und völlig auf den Kopf gestellt". Und: „Mehrere Eisenbahnwagen wurden aus dem Gleise gehoben."

Außerdem katapultierte der Sturm einen zwölf bis 15 Zentner schweren Eisenkessel mindestens 50 Meter weit durch die Luft. Auch für die Müller der Mohrmannschen Holländer Windmühle war das Unglück groß, die Flügel brachen (siehe Geheimnis 15), alle Maschinen wurden zerstört.

> *„Der Sturm, der damals über Wolfsburg hinwegfegte, war so heftig, dass er den Dachsparren, den er anderswo hinuntergerissen hatte, in den Stein trieb."*

Und dann gab es eben den Dachsparren, von dem ein kleines Stück noch heute Zeugnis dieses tobenden Sturmes ist und über den die Zeitung schrieb, dass er „mit solcher Wucht gegen den Kirchturm geschleudert (wurde), daß er in eine Furche des Turmes eindrang und wie eine Lanze darin stecken blieb. Nur dem Umstande, daß das furchtbare Unwetter nachts niederging, ist es wohl zuzuschreiben, daß Menschen nicht zu Schaden kamen".

Und inmitten dieser Naturkatastrophe zeigte eben jene Natur, dass sie auch wunderschön sein kann: „Nach dem Sturm wurde (...) ein wunderbarer Regenbogen gesehen", berichtete das Blatt. Und am Kirchturm St. Marien ist noch heute ein Stück des Dachsparrens zu sehen, der damals durch die Luft flog und ins Mauerwerk drang. Ein Relikt, das nicht nur an das Ereignis als solches erinnert, sondern das auch davon kündet, wie ungemein machtvoll die Natur sein kann.

Eva-Maria Bast

....

So geht's zum Holzstück:

Das Holzstück steckt im Kirchturm St. Marien, diesr steht in der Schlossstraße 15 in Wolfsburg. Das Stück Holz kann man an der Turmseite entdecken, die dem Schloss zugewandt ist.

Stein-Pilz

Quelle für wichtigen Rohstoff

E in bisschen sieht es aus wie ein Stein in Pilzform, das Ding, das etwas verloren in der Siedlung Rothehof zwischen den Bäumen steht. In den unteren Teil des Steins sind Rillen gefräst, darauf sitzt ein Rechteck mit einem einzelnen Wort darauf: *Ziegelteich*. Woran erinnert dieser Stein?

Wenn Lydia Wittig in Wolfsburg ist, führt sie ihre Hunde oft in der Grünanlage aus, die um einen kleinen Teich gelegen ist. „Auf einem meiner Spaziergänge ist mir dieser unscheinbare Stein aufgefallen", erzählt die Tierphysiotherapeutin, die beruflich in ganz Deutschland unterwegs ist, Städte erkundet und ihr Auge für die unauffälligen Dinge in ihrer Umgebung geschult hat. „Der Teich in diesem Park, der so üppig von Schilf und hohen Bäumen umgeben ist, ist der Ziegelteich", sagt sie und verweist auf dieses Stein-Denkmal in Form eines Pilzes. „Ich habe mich gefragt, warum der Teich diesen Namen trägt und wofür dieser Stein steht." Mit Nachforschungen im Wolfs-burger Stadtarchiv ging Lydia Wittig der Frage auf den Grund:

Bereits im 16. Jahrhundert wurde der Teich erstmals als Fisch-teich erwähnt. In der Siedlung Rothehof stand zu jener Zeit eine Ziegelei. Genaugenommen bestand die ganze Siedlung aus der Anlage, in der Steine zum Häuser-bau gewonnen wurden. Vom Boden des Teiches entnahmen die Arbeiter Tonsedimente und formten daraus Ziegelsteine. Im Jahr 1665 kam es zu einem verheerenden Brand, der die

> *„Ich habe mich gefragt, warum der Teich diesen Namen trägt und wofür dieser Stein steht."*

Anlage beinahe vollständig zerstörte. Erst zehn Jahre später wurde sie wieder aufgebaut. Durch den zusätzlichen Bau der Försterei und der dazugehörenden Gebäude entstand 1675 die heutige Siedlung Rothehof. Bis zum Ende des 19. Jahrhunderts blieb die dann neuge-

---

Der pilzförmige Stein als Erinnerung an die ehemalige Ziegelei und an den Teich, aus dem der Ton für die Ziegel gewonnen wurde.

Ruhig und üppig umwachsen liegt der Ziegelteich heute da.

baute Ziegelei bestehen, und der Ton im Ziegelteich diente wieder als Material für die Ziegel. Danach wurde der Gebäudebestand komplett abgerissen.

„So ruhig, wie der Teich heute daliegt, kann man sich kaum vorstellen, dass vor über 100 Jahren hier das Zentrum des Ziegelhandels der Region war", sagt Lydia Wittig. Nur noch der pilzförmige Stein mit der Aufschrift *Ziegelteich* erinnert an seine einst so wichtige Rolle.

Cathérine Fischer

So geht's zum Stein-Pilz:

Der Stein in Form eines Pilzes ist in der Parkanlage zu entdecken, die zur Siedlung Rothehof im Stadtteil Rabenberg gehört.

18

*Die versteckte und kaum mehr erkennbare Inschrift,
die an den Witwensitz der Herzogin Clara erinnert.*

Inschrift

Rückkehr nach Fallersleben

An dem blassrosa Fachwerkhaus des heutigen Hoffmann-von-Fallersleben-Museums versteckt sich eine kaum mehr zu entziffernde Inschrift. Hofseitig, auf dem mittleren Querbalken und zu beiden Seiten des Treppenturms, ist, wenn man ganz genau hinschaut, unter muschelförmigen Halbkreisen zu lesen: *Von Gots Gnaden Klara Geborene zu (…) Braunschw: Und Luneb: Widt Gebawet Anno MDLI.*

An diesem altrosa Turm ist die Inschrift zu entdecken. Allerdings muss man ganz nah herantreten und genau hinsehen.

„Hoffmann von Fallersleben ist weit über Wolfsburgs Stadtgrenzen hinaus bekannt. Wer aber lange vor der Gebäudenutzung als Museum hier wohnte, ist für die Regionalgeschichte gleichfalls von historischer Bedeutung", sagt Nicole Trnka vom Hoffmann-von-Fallersleben-Museum. Die Museumspädagogin meint damit Herzogin Clara – im 19. Jahrhundert noch mit K geschrieben – die ihren Witwensitz im heutigen Museum hatte und auf die diese Inschrift verweist.

Erst seit 2015 befindet sich eine Bronzestatue von Herzogin Clara vor dem Hoffmann-von-Fallersleben-Museum. Sie trägt ein Gewand mit Puffärmeln, in den Händen hält sie eine Rolle. Nachdem alteingesessene Bürger die Ortsbürgermeisterin von Fallersleben, Bärbel Weist, immer wieder gefragt hatten, warum es eigentlich kein Denkmal für diese einst so wichtige Frau gibt, ist Clara nun, als Bronzefigur, nach Fallersleben „zurückgekehrt".

Vom Leben der Herzogin, was sie mit einem Kräutermarkt, der Kunst des Bierbrauens und einem Fahrradweg zu tun hat und weshalb sie eine bronzene Rolle in den Händen hält, erzählen Nicole Trnka und ihre Kollegin Pasqualina Lazzara-Roccuzzo:

Im Jahr 1518 kam Clara als Tochter des Herzogs zu Sachsen-Lauenburg zur Welt. Es war die Zeit der Reformation, Clara von Sachsen-Lauenburg wurde in eine katholische Familie hineingeboren, doch ihr Vater sympathisierte schon früh mit den Ideen Luthers. Wie es für Mädchen ihres Standes in der damaligen Zeit üblich war, erhielt auch Clara spätestens mit sechs Jahren eine Ausbildung in einem Kloster. Sie wuchs im katholischen Augustinerstift Steterburg auf. Ihre Bildung umfasste Lesen, Schreiben, Rechnen, Handarbeiten, Haushaltsführung, wohl auch Sprachen, Musik- und Gesangsunterricht. Wahrscheinlich erwarb Clara auch Kenntnisse in der Kräuter- und Heilkunde. Nach ihrer Zeit im Kloster lebte sie einige Jahre am dänischen Hof in Kopenhagen, denn ihre ältere Schwester war Königin von Dänemark. Hier wurde sie in der neuen Glaubenslehre unterrichtet und entwickelte sich zu einer überzeugten Protestantin.

Als sie gerade einmal 15 Jahre alt war, verlobte ihr Vater sie mit Herzog Franz von Braunschweig-Lüneburg (1508-1549). Franz hatte die Wahl zwischen Clara und ihrer jüngeren Schwester Ursula – und sich für die ältere Schwester entschieden. Eine beachtliche Mitgift wurde ausgehandelt. Die Hochzeit fand im Jahr 1547 statt, am Hochzeitstag stellte der dänische Hof sogar eine goldene Kutsche zur Verfügung.

Schloss Gifhorn, im Osten des heutigen Niedersachsens, wurde zur Residenz des Herzogtums Gifhorn. Dort wurde das Paar auch getraut. Clara bezog mit ihrer weiblichen Entourage die „Frauenzimmer" des Schlosses. Die Herzogin war sofort beliebt beim Volk, sie war milde und gut, kümmerte sich um die Armen und Kranken. In ihrem Schlossgarten pflanzte sie Kräuter

Pasqualina Lazzara-Roccuzzo steht stolz neben der erst 2015 enthüllten Statue.

an, aus denen sie ein ganz besonderes Kräuterbier herstellte.

Ein Jahr nach der Hochzeit kam die erste Tochter, Katharina, zur Welt. Als die Herzogin mit ihrer zweiten Tochter, Clara II., schwanger war, starb Herzog Franz im Alter von 41 Jahren. „Die Erbfolgeregeln der Welfen sahen vor, dass das Herzogtum nach Franz' Tod zurück an das Stammhaus fiel. Clara hatte zwar zwei Töchter, doch keinen männlichen Erben geboren. Die Ehefrauen wurden früher aber für den Fall des Todes ihres Mannes abgesichert", erklärt Nicole Trnka. „Das nahegelegene Schloss, in dem sich heute das Hoffmann-von-Fallersleben-Museum befindet, wurde als ihr Witwensitz bestimmt." Clara musste Schloss Gifhorn verlassen und bezog im Jahr 1550 ihr neues Heim in Fallersleben – obwohl dieses noch gar nicht fertiggestellt war. Unter ihrer Aufsicht wurde das Renaissance-Schloss aus Eichenfachwerk ein Jahr später vollendet. Mit der Einrichtung hielt sie es ganz schlicht. Und es gab einen Wassergraben und eine Stadtmauer zum Schutz der Bewohner.

„Tough könnte man Herzogin Clara heute nennen."

Als alleinstehende Frau engagierte sich Clara sozial in Fallersleben und verhalf dem Dorf zu wirtschaftlichem Aufschwung. „Tough könnte man Herzogin Clara heute nennen", sagt Nicole Trnka. So holte sich Clara im Jahr 1540 beispielsweise das Recht ein, Bier in Fallersleben zu brauen und zu verkaufen. Sie mischte ein Kräuterbier, das auch medizinische Wirkung hatte. Gut für die Verdauung sollte es sein, von innen wärmen und daher auch bei Erkältungen helfen. Die Wolfsburger konsumierten das Bier sogar statt Wasser – aufgrund der damals schlechten Wasserqualität. Selbst Kinder bekamen es zu trinken.

Und als ein Pferdewirt sich weigerte, Zölle zu entrichten, wenn er seine Tiere durch Fallersleben trieb, ließ sich Clara das nicht gefallen. Im August 1562, so ist es überliefert, nahm sie vier seiner Fohlen in Beschlag – als Entschädigung für die unbezahlten Abgaben. Zwei Fohlen behielt sie im fürstlichen Stall, die anderen beiden bekam der Rat.

Die Herzogin holte sich auch die Nutzungsrechte für den Wald in Barnbuch ein, einem Feuchtgebiet zwischen Wolfsburg und Gifhorn. Dort ließ sie Holz für das Brauhaus schlagen. Und wenn sie selbst einmal Rat und Unterstützung benötigte, wandte sie sich wohl an einen der vier Hofprediger, die sie beschäftigte.

Bei einem Besuch bei ihrer jüngeren Tochter Clara II. im Jahr 1576 starb die Herzogin im Alter von 58 Jahren. In der Marienkirche Barth, wo Clara beigesetzt wurde, erinnert ein Grabmal aus Sandstein an sie, gestiftet von ihrer Tochter. Der für sie vorgesehene Sarkophag in der Schlosskapelle in Gifhorn ist also leer.

Von Gottes Gnaden wird geboren zu Sachsen, Herzogin zu Braunschweig und Lüneburg, spätere Witwe, so könnte man die Worte aus der Inschrift übertragen. Die mit dem Wissen um die frühere Bewohnerin des heutigen Museumsgebäudes nachvollziehbar ist.

Der Künstler Patric Rottenecker schuf die Bronzeskulptur dieser bemerkenswerten Frauenfigur in der Geschichte von Fallersleben. Dabei orientierte er sich an einer Holzstatue in Lebensgröße von Clara, die heute noch in der Schlosskapelle zu Gifhorn erhalten ist. In ihren Händen hält die bronzene Clara in Fallersleben eine Schriftrolle, die für Bildung und Intelligenz steht, für ihr großes Wissen, das sie gutmütig und mutig eingesetzt hat.

Nicht nur die nach ihrem Ebenbild geschaffene Statue können Besucher heute bewundern. Es gibt auch die Möglichkeit, von Claras besonderem Kräuterbier zu kosten: Selbiges wird in einigen Gasthäusern nachgebraut. Und künftig sollen auch Märkte unter dem Namen „Claras köstlicher Kräutermarkt" auf dem Schlosshof organisiert werden. Außerdem wurde von einem aus Wolfsburg und Gifhorn zusammengestellten Historikerteam eine Fahrradroute entwickelt. Sie führt an Wirkungsorten der Herzogin vorbei und informiert auf 16 Stationen über die Welfenherzogin. Damit wird sie wieder ins Bewusstsein gebracht, die großzügige Herzogin von Fallersleben.

Cathérine Fischer

So geht's zur Inschrift:

Die Inschrift befindet sich hofseitig auf dem mittleren Querbalken und zu beiden Seiten des Treppenturms des Hoffmann-von-Fallersleben-Museums am Schlossplatz 6.

Schwan

Geflügelter Hinweis auf die Religion

Im Haus Nummer 38 in der Lange Straße in Vorsfelde lebte über viele Generationen die Familie Francke: 1576 bewohnte erstmals ein Francke das heute weiß gestrichene Fachwerkhaus, er war zu jener Zeit Bürgermeister. 1717 ließ ein Nachfahre ein Schild mit einem Schwan über der Eingangstür des Hauses anbringen, das sich damals bereits seit fast 200 Jahren in Familienbesitz befand. Welche Bedeutung dieser Schwan hat und weshalb die Franckes ihn wie ein Wappen über ihren Hauseingang platziert haben, wo er noch heute, weitere 300 Jahre später, seinen Platz verteidigt, weiß Dr. Meinhardt Leopold zu berichten.

Er ist Vorsitzender des Heimatvereins Vorsfelde und kennt sich bestens in seinem Ort aus. „Der Schwan war als Symbol Martin Luther zugeordnet und damit dem evangelisch-lutherischen Glauben", beginnt er das Schwanenbild am Haus zu erklären. „Seinen Ursprung hat dieses Symbol allerdings in einer Gans, der später der Schwan folgte."

Wie kommt es zu dieser Verbindung? „Jan Hus war einer der ersten Theologen, der sich gegen gewisse Dinge im praktizierten katholischen Glauben auflehnte. Und auf Tschechisch, der Muttersprache des Reformators, bedeutet ‚Hus' Gans", führt der Heimatkenner aus. Die Kritik des tschechischen Theologen richtete sich unter anderem gegen den Heiligenkult, den Ablasshandel, wonach sich die Gläubigen von ihren Sünden durch teilweise horrende Summen freikaufen konnten, und die große Machtfülle des Papstes. Seiner Lehre nach sollte die Kirche nicht als Vermittler zwischen dem Menschen und Gott stehen, dem Menschen keine Ge- und Verbote auflegen. Die göttliche Gnade käme unmittelbar zu den Gläubigen. Unter anderem für diese Einstellung wurde Jan Hus (1369-1415) im Jahr 1415 im Rahmen des Konstanzer Konzils auf dem Scheiterhaufen verbrannt. Bevor er den Feuertod erlitt, soll er geschrieben haben: „Heute bratet ihr eine Gans, aber aus der Asche wird ein Schwan entstehen."

Hinter dem geheimnisvollen Schwan über der Haustür
steckt eine spannende Geschichte.

Martin Luther (1483-1546) orientierte sich später an Jan Hus. Als Luther im Jahr 1517 die Reformation auslöste, verkündete er: „Jan Hus hat vor mir geweissagt: In hundert Jahren werdet ihr einen Schwan singen hören." Meinhardt Leopold erklärt dazu: „Die Gans, der Namenspatron von Jan Hus, und auch der Schwan, der symbolisch aus der Asche des Verbrannten entsteht, wurden demnach zum Symbol für den evangelischen Glauben."

Schwäne genossen im Mittelalter ein gewisses Prestige und galten außerdem als eleganter und seltener als Gänse. Daher wurde der Schwan bevorzugt als Zeichen für die Reformation durch Luther verwendet – auch wenn der Ursprung des Symbols die Gans ist. Entdeckt man also eines der beiden weißgeflügelten Tiere an einer Fassade, kann man davon ausgehen, dass in dem jeweiligen Haus in der Frühen Neuzeit Menschen wohnten, die der Lutherischen Glaubenslehre zugetan waren und ihre Einstellung auch nach außen bekunden wollten – wenn auch verklausuliert. Dr. Leopold sagt: „So war es auch bei Familie Francke der Fall. 1717 ließ Francke den Schwan an seinem neugebauten Haus anbringen. Mit der Tafel erinnerte er an das Baujahr seines Hauses und das damals 200-jährige Jubiläum der Reformation." Daraus könne man schließen, dass die Familie Francke, deren letzter Nachfahre bis 1906 hier wohnte, dem evangelischen Glauben angehörte. „Und diese Gesinnung durch das Schwanen-Schild mit Glaubensbrüdern, die das Symbol des Schwans zuordnen konnten, teilte."

Cathérine Fischer

„Die Gans, der Namenspatron von Jan Hus, und auch der Schwan, der symbolisch aus der Asche des Verbrannten entsteht, wurden demnach zum Symbol für den evangelischen Glauben."

....

So geht's zum Schwan:

In Vorsfelde an der Lange Straße Nummer 38, über der Tür, befindet sich ein kleines blaues Schild, auf dem ein weißer Schwan zu sehen ist.

Der Gedenkstein an seinem heutigen Platz.

Gedenkstein
Weil Gesang verbindet

A ls Bärbel Weist 1979 Ortsbürgermeisterin von Fallersleben wurde, hat sie sich immer über den großen, grauen Stein gewundert, der, von niemandem beachtet, am Rande eines Parkplatzes neben einem Fahrradständer lag. Häufig konnte man ihn gar nicht erkennen, weil er von hohem Gras verborgen war.

Die Neugier der Bürgermeisterin war geweckt und sie machte sich daran, die Geschichte des Steins herauszufinden. Denn dass es ein ganz besonderer Stein sein muss, das war ihr auch deshalb schnell klar, weil auf dem Findling *Hamburger Liedertafel von 1823* geschrieben steht. Am Ende ihrer Recherchen stand für Bärbel Weist fest: Der Stein darf weder in Vergessenheit geraten, noch ein trauriges Dasein fristen. „Ich habe durchgesetzt, dass er von der Stadt auf das Grundstück gebracht wurde, auf dem sich heute noch das Geburtshaus von Hoffmann von Fallersleben befindet", schildert sie das

27

Ergebnis. Denn Hoffmann von Fallersleben ist der Stein gewissermaßen zu verdanken.

August Heinrich Hoffmann (1798-1874), der sich als Seitenhieb auf den Adel nach seinem Geburtsort „von Fallersleben" nannte, ist der berühmteste Bürger des Orts und der Mann, dessen Texte wohl jeder Deutsche schon einmal gesungen hat. Seien es die Kinderlieder wie zum Beispiel „Alle Vögel sind schon da". Oder das „Lied der Deutschen", das er 1841 dichtete – und das, seit es zur Nationalhymne wurde, eine wechselvolle Geschichte hatte.

Bärbel Weist, Axel Claes (re.) und Hans-Bernhard Hildenbrand singen voller Inbrunst das Deutschlandlied.

Doch widmen wir uns zunächst dem Stein. „Er dokumentiert die Freundschaft zwischen dem Männergesangsverein Fallersleben und der Hamburger Liedertafel von 1823", erklärt Bärbel Weist. „Bei der Beisetzung des Vorsitzenden des Verbandes Niedersächsischer Gesangvereine, Rosewald, sprach der damalige Vorsitzende Holzapfel 1926 am Hoffmann-Denkmal in Fallersleben von dem einigenden Band. Er meinte damit die Person Hoffmann zwischen seiner Liedertafel und dem MGV Fallersleben." Denn in beiden Gesangsvereinen sei Heinrich Hoffmann von Fallersleben Mitglied gewesen. „An diesem Tag gelobten beide Vereine treue Freundschaft, was sich auch durch den wiederholten Aufenthalt der Hamburger Sänger in Fallersleben nachweisen lässt", erzählt die Ortsbürgermeisterin weiter. Im März 1929 stifteten die Hamburger Sänger dem MGV Fallersleben dann eben jenen Gedenkstein, der im Stadtpark Fallersleben aufgestellt wurde – lange Zeit bevor hier die Mittelschule mit Schulhof und Parkplätzen gebaut wurde.

„Während der Hoffmann-Woche im August 1936 wiederholten die Hamburger Sänger ihren Besuch. Zur 125-Jahrfeier der Hamburger Liedertafel am 23. Mai 1948 entsandte dagegen der MGV Fallersleben eine Abordnung nach Hamburg", schildert die Ortsbürgermeisterin den freundschaftlichen Austausch der beiden Vereine. „Am 18. August 1951 nahmen die Hamburger Sänger an der Feier anlässlich des 125-jährigen

Bestehens des MGV in Fallersleben teil. Jede Begegnung der beiden Vereine stand im Zeichen der Verehrung Hoffmanns und seines Liedes."

Und da gibt es viel zu verehren, gerade weil Hoffmann von Fallersleben umstritten war: Der ordentliche Professor für deutsche Sprache und Literatur an der Universität Breslau in der preußischen Provinz Schlesien machte 1840/41 von sich reden, als seine „Unpolitischen Lieder" erscheinen. Denn die sind nicht unpolitisch, sondern kritisieren scharf das politische System jener Zeit, also den Adel und die Fürstenherrschaft. Wie viele Bürger fühlte sich der Gelehrte in seinen liberalen Bestrebungen unterdrückt. Er trat für bürgerliche Freiheiten und ein einheitliches Deutschland ein, was die Preußische Regierung nicht gern sah. Man warf von Fallersleben „politisch anstößige Grundsätze und Tendenzen" vor, entzog ihm 1843 die preußische Staatsbürgerschaft, wies ihn aus: An der Universität Breslau durfte er nicht mehr lehren. Er fand unter anderem in Wolfsburg Unterschlupf, (siehe Geheimnis 20), wurde verfolgt, immer wieder ausgewiesen, 39 Mal insgesamt. Die Zeiten, die als Vormärz in die Geschichte eingingen, waren unruhig, die Bevölkerung bäumte sich gegen die spätabsolutistisch herrschenden Fürsten auf. Die Bürger wollten mitwirken, ihre Meinung frei äußern. Auch Preußen hatte ja 1815, als der Deutsche Bund gegründet wurde, versprochen, dass es eine „landständische Verfassung" geben werde.

All das bricht sich in der Märzrevolution von 1848 Bahn. In den deutschen Fürstentümern regieren bürgerliche Märzministerien. Anfangs sind die Aufständischen erfolgreich, doch dann gelingt es den Fürsten, ihre Macht wieder zu mehren. Die von Hoffmann von Fallersleben so ersehnte und vielbesungene deutsche Einheit (die er natürlich im Sinne seiner Zeit meinte, die aber viele später im Sinne ihrer Zeit deuteten und deuten) soll es vorerst nicht geben. Stattdessen werden die Revolutionäre gejagt und fortgeschickt. Dieses Schicksal trifft auch Heinrich Hoffmann. Am 5. August 1853 weist man ihn aus Hannover, der Heimat seiner Frau, aus. Er schreibt: „Und so war ich denn vertrieben / und der Heimat schnell entwandt; / Doch zum Trost ist mir geblieben / Noch mein großes Vaterland." Damit meint er das geeinte Deutschland, wie es den bürgerlichen Verfechtern des Nationalstaats vorschwebte, das aber aufgrund der Rivalität zwischen den führenden Staaten, Preußen und Österreich, noch nicht Wirklichkeit wurde.

Dass sein „Lied der Deutschen" einmal Nationalhymne werden sollte, hat Hoffmann von Fallersleben nicht mehr erfahren: Erst Reichspräsident Friedrich Ebert bestimmte es am Weimarer Verfassungstag 1922 dazu. Was Hoffmann von Fallersleben im Wunsch nach einem geeinten – nicht in Kleinstaaten zersplitterten – Deutschland gedichtet hatte, deuteten die Nationalsozialisten in den Folgejahren im völkisch-nationalen Sinne. Denn in der gesamten Zeit des Nationalsozialismus wurde nur die erste Strophe vom „Lied der Deutschen" gesungen: „Deutschland, Deutschland über alles, über alles in der Welt, (…)" Das passte besser zu den Absichten der Nationalsozialisten, die anschließend das Horst-Wessel-Lied anstimmten.

Die dritte Strophe sang man in der Bundesrepublik erst ab 1952: Bundespräsident Theodor Heuss (1884-1963) hatte auf Bitten von Bundeskanzler Konrad Adenauer (1876-1967) wenn auch zögernd zugestimmt, die dritte Strophe als Nationalhymne zu etablieren. 1991 schrieb der damalige Bundespräsident Richard von Weizsäcker (1920-2015): „Die 3. Strophe des Hoffmann-Haydn'schen Liedes hat sich als Symbol bewährt. Sie wird im In- und Ausland gespielt, gesungen und geachtet. Sie bringt die Werte verbindlich zum Ausdruck, denen wir uns als Deutsche, als Europäer und als Teil der Völkergemeinschaft verpflichtet fühlen."

Und so wurde nach der Wiedervereinigung das „Lied der Deutschen" – genauer gesagt: nur dessen dritte Strophe („Einigkeit und Recht und Freiheit …") – zur Nationalhymne für Gesamtdeutschland.

August Heinrich Hoffmann aber, der sich „von Fallersleben" nannte, ahnte wohl nicht, auf welch kontroverse Weise seine dichterischen Worte die wechselvolle Geschichte Deutschlands begleiten sollten.

Eva-Maria Bast

So geht's zum Gedenkstein:

Er steht hinter der Gaststätte Hoffmannhaus, Westerstraße 4, am Ende des Hofs neben einer kleinen Treppe. Gegenüber befindet sich die Büste des Dichters Heinrich Hoffmann von Fallersleben.

Heute ist der Parkplatz leer, doch Carola Kirsch kann sich noch an ihre Kindheit erinnern, als hier jede Menge los war.

07

Parkplatz
Stau vor der St.-Christophorus-Kirche

Wer heute vor den Sommerferien an der St.-Christopho-rus-Kirche vorbeigeht, kann die Parkreihen vor dem Gotteshaus mühelos passieren. Wenige Autos stehen dort. Doch in den 1950er- und 1960er-Jahren war das ganz anders. Dutzende stauten sich auf dem Parkplatz. Die gebürtige Wolfsburgerin Carola Kirsch weiß, was die Fahrer sich unbedingt vom Priester abholen wollten, und zwar nur von diesem einen in St. Christophorus.

„Ich erinnere mich noch genau, wie mein Vater immer über die ganzen Wartenden gestaunt hat", beginnt Carola Kirsch, Beobachterin der Ereignisse auf dem Wolfsburger Parkplatz, zu erzählen. „Über die Menschen, die sich hier in Reih und Glied vor der St.-Christophorus-Kirche aufgestellt haben. Kurz vor dem Werksurlaub im Juli, wenn die Mitarbeiter des Volkswagenwerks wegfuhren, konnte man dieses Schauspiel ansehen." Traditionell verbrachten die Arbeiter ihre freien Tage am italienischen Gardasee. Der See war nicht allzu weit weg, konnte mit dem Auto erreicht werden. „Gardasee-Zelturlaub nannten viele Arbeiter ihren bescheidenen Sommerurlaub", fügt die Wolfsburgerin an. Und bevor diese alljährliche Reise angetreten wurde, stellte man sich stundenlang mit seinem VW-Jahreswagen auf dem Parkplatz vor der Kirche an. „Viele benutzten ihr Auto nur ein einziges Mal im Jahr – nämlich, um damit in den Urlaub zu fahren. Jedes Jahr konnte man günstig einen neuen Wagen vom Werk bekommen, und verkaufte den fast unbenutzten vom Vorjahr."

Heute sind die Parkreihen nicht mehr überfüllt, auch nicht am St.-Christophorus-Tag im Juli.

Und was erhofften sich die Werksmitarbeiter vom Priester der St.-Christophorus-Kirche? „Vor ihrem Sommerurlaub ließen die Reisenden sich und ihr Fahrzeug auf diesem Parkplatz, in diesen Parkreihen, segnen", erzählt Carola Kirsch. Fahrzeugsegnung nennt man dieses Ereignis. Der Heilige Christophorus gilt als Schutzpatron des Verkehrs, der Reisenden, Fuhr- und Fahrleute, Pilger, Kraftfahrer und Straßenwärter. Er soll die Reisenden begleiten, beschützen und dafür sorgen, dass sie sicher an ihrem Reiseziel ankommen. Und wieder gesund nach Hause zurückgelangen.

„Die St.-Christophorus-Kirche in Wolfsburg ist nach diesem Schutzpatron der Reisenden benannt", erklärt Carola Kirsch. „Die Arbeiter des VW-Werks sind also an ihrem ersten Urlaubstag mit ihrem bereits vollbeladenen Auto hierher gefahren und warteten auf ihrem Parkplatz, bis sie an der Reihe waren. Bis Priester Holling zu ihrem Wagen kam, um das Auto und die Insassen zu segnen." Geduldig ging er dafür von Auto zu Auto. Manchmal wurde sogar eine Christophorus-Medaille verteilt, die man sich ins Auto legen konnte. Darauf ist der riesenhafte Christophorus zu sehen, mit dem Christuskind auf seinen Schultern. „In

„Kurz vor dem Werksurlaub, im Juli, wenn alle Mitarbeiter des Volkswagenwerks wegfuhren, konnte man dieses Schauspiel ansehen."

der Zeit des Werksurlaubs war die Stadt wie ausgestorben, fast alle flogen für ein paar Tage aus", erinnert sich die gebürtige Wolfsburgerin.

Und woher kommt der Brauch, sich dem Heiligen Christophorus anzuvertrauen, wenn man auf Reisen geht? Christophorus ist einer der 14 Nothelfer im katholischen Glauben. Er selbst war lange auf Reisen, um seinen Heiland zu finden. Zunächst gelangte er zu einem König und dachte schon, er hätte in ihm den mächtigsten Mann der Welt gefunden. Doch als er bemerkte, wie dieser sich bei der Erwähnung des Teufels stets ängstlich bekreuzigte, stellte er fest, dass der König nicht der Große und Mächtige sein konnte, für den er ihn gehalten hatte. Also machte sich Christophorus auf den Weg zum Teufel, den der König so sehr fürchtete. Doch auch der Teufel zeigte sich schwach. Immer wenn er das Zeichen des Kreuzes sah, an das Christus geschlagen wurde, bekam er es mit der Angst zu tun und floh. Christophorus wollte also diesen Christus finden, der offenbar so mächtig und unbesiegbar war, dass sogar Könige und der Teufel sich vor ihm fürchteten.

Er setzte seine Reise fort und traf auf einen Einsiedler. Der sagte ihm, dass der, den er sucht, von ihm erbittet, Menschen über einen reißenden Fluss zu tragen und sie sicher auf die andere Seite des Ufers zu bringen. Der riesenhafte und starke Christophorus tat wie ihm geheißen. Er bot allen Reisenden, die auf ihrer Route den Fluss überqueren mussten, seine Hilfe an und trug sie mühelos und sicher übers Wasser. Eines Morgens hörte er eine leise kindliche Stimme, die ihn um Hilfe rief. Er sah ein schmächtiges Kind vor sich. Ohne zu zögern setzte er es auf seine Schultern und machte sich auf den Weg über den Fluss. Plötzlich wog das Kind so schwer, dass Christophorus es kaum mehr tragen konnte. Gleichzeitig wurde das Wasser immer höher, und er fürchtete zu ertrinken. Am Ende seiner Kräfte kam Christophorus schließlich am Ufer an und setzte das Kind ab. Er beschrieb, dass es sich angefühlt habe, als habe er die ganze Welt auf seinen Schultern getragen. „Du hast nicht nur die Welt auf deinen Schultern getragen, sondern den, der die Welt erschaffen hat", antwortete das Kind. Christophorus hatte seinen Herrn gefunden.

Aufgrund dieser Legende ist auf den Christophorus-Medaillen ein Riese mit einem Stab in der Hand und einem Kind auf den Schultern abgebildet. Genauso, wie er Christus über den Fluss befördert (der Name Christophorus bedeutet „der, der Christus getragen hat") und wohlbehalten abgesetzt hat, soll er die Reisenden beschützen und sicher an ihr Ziel bringen.

Noch heute lassen sich deshalb Wolfsburger, die eine Reise vor sich haben, in der St.-Christophorus-Kirche segnen. Der 24. Juli ist der Tag, an dem der Schutzpatron der Reisenden gefeiert wird. Passend für viele, die in den Sommerurlaub fahren. „Doch so ein Ansturm, wie es ihn in den 1950er- und 1960er-Jahren vor der Kirche gab, ist das bei Weitem nicht mehr", sagt Carola Kirsch. „Die Parkreihen sind nicht mehr überfüllt."

Cathérine Fischer

So geht's zum Parkplatz:

Gegenüber der St.-Christophorus-Kirche, am Antonius-Holling-Weg 19, befindet sich der Parkplatz.

*Felix Wendt, Christoph Hayn und Steffen Brandes
(von links) vor dem Jugendhaus Ost.*

08

Jugendhaus Ost
Verstecktes Kulturgebäude mit Geschichte

Unerwartet bunt stechen die kunstvoll mit Graffiti verzierten Wände der eingeschossigen Baracken zwischen dichten Baumkronen hervor. Nicht nur wegen seines heutigen Konzepts und seiner besonderen Geschichte ist das seit 1978 selbstverwaltete Jugendhaus in Wolfsburg einzigartig, sondern auch, weil es das älteste Gebäude der Stadt ist. Und das wissen die

Wenigsten all derer, die mit dem „Ost" ganz besondere Erinnerungen verbinden.

Schon einige Monate vor Baubeginn des Volkswagenwerks am 26. Mai 1938 war es als „Preußisches Neumessungsamt" errichtet worden, zuständig für Vermessungsarbeiten der neu zu gründenden Stadt. Dazu gehörte auch ein Heizungsraum, von dem aus die umliegenden für Architekten und Ingenieure gebauten Baracken mit Wärme versorgt werden konnten.

Das heutige Jugendhaus Ost war somit Teil einer Barackensiedlung, die extra außerhalb der sich im Aufbau befindenden Stadt gelegt wurde. Andere Teile der Siedlung wurden um 1938 als Stadtbaubüro genutzt, in dem Stadtplaner Peter Koller die sogenannte „Stadt des KdF-Wagens bei Fallersleben", wie Wolfsburg offiziell bis 1945 hieß, entworfen hat. Die nationalsozialistische Organisation „Kraft durch Freude" wollte hier für jeden erschwingliche Automobile herstellen lassen.

Außerdem wurden die Baracken als Sitz der Stadtverwaltung genutzt. Jahrzehntelang diente die Siedlung am Berliner Ring unterschiedlichsten Nutzungen: Ins ehemalige Stadtbaubüro zog die Schillerschule bis 1953 ein, die damals aber noch Volksschule III am Bullenberg hieß. Danach wurde das Gebäude mehr als 20 Jahre lang als Psychiatrie genutzt, bevor man es in den 1980er-Jahren abriss.

Christoph Hayn, der schon seit seinem 16. Lebensjahr im Jugendhaus Ost aktiv ist, kennt sich besonders gut mit dem Gebäude aus. „Teile der Fassade der Stadtbaubüro-Baracke wurden vor dem Abriss bewahrt und für den Bau eines Kleingartenvereinsheims in Vorsfelde verwendet", erzählt er.

Im wirtschaftlichen Aufschwung Anfang der 1960er-Jahre verschwanden dann fast alle Baracken in der Stadt. Auch von der Siedlung am Berliner Ring ist nur noch das Gebäude des ehemaligen Neumessungsamts übriggeblieben. Der Name „Neumessungsamt KdF-Wagen" wich nach dem Krieg der Bezeichnung „Katasteramt Wolfsburg". Heute gibt es auch das nicht mehr, stattdessen befindet sich in dem Gebäude seit 1978 das Jugendhaus – „das Ost", wie es die Einheimischen nennen.

In den Jahren davor gab es einen Fußballverein, der sich hier einquartiert hatte, ein Finanzamt und eine Wolfsburger Adventistengemeinde, die hier Gottesdienste abhielt. 1984 wurde das Haus offiziell als Denkmal der Stadt Wolfsburg ins Denkmalverzeichnis eingetragen.

„Irgendwie wurde das Gebäude immer genutzt", weiß Sozialarbeiter Jens Ninnemann zu berichten. Auch er hat schon als Jugendlicher viel Zeit hier verbracht. „So kommt man rein ins Ost", sagt er. Nach den ersten Besuchen fühlt man sich zugehörig und bleibt es. Jeder Wolfsburger hat seine eigene Verbindung zu diesem Gebäude. Ob man hier als Jugendlicher neue Lieblingsbands entdeckte oder deren Konzerte in der Stadt organisierte, sich die Eltern hier kennenlernten oder ob man noch heute bei dieser Institution mitarbeitet – „Ah, das Ost" heißt es, und jeder schwelgt in Erinnerungen. Von der Geschichte des Gebäudes jedoch wissen die wenigsten.

Die Fassade des Ost ist mit immer neuen Graffiti-Kunstwerken verziert.

Als im Jahr 2006 über einen Abriss entschieden werden sollte, wurden Gegenstimmen laut. Auch Christoph Hayn lag es am Herzen, ein Bewusstsein für das Gebäude zu schaffen. In einem konzeptionellen Projekt, wie er es nennt, führte er im Rahmen seines Architekturstudiums eine Bestandsuntersuchung durch, in der er darlegte, warum das Gebäude aufgrund seiner Nutzungsgeschichte und seines Stellenwertes als ältestes Haus der heutigen Stadt Wolfsburg erhaltenswert ist. Mit Erfolg: Inzwischen ist der Erhalt gesichert und eine Sanierung geplant.

„Wir dürfen bei jeder Tür mitentscheiden", sagt Felix Wendt, ebenfalls langjähriger Besucher und Mitwirkender im „Ost". Denn bei der notwendigen Sanierung, nach der das Gebäude auch barrierefrei sein wird, soll der Geist des Hauses erhalten bleiben. Wie könnte man diesen beschreiben? Das Gebäude hat etwas Rebellisches: Jede Seite ist unterschiedlich besprüht. Liberale Slogans, bunte Figuren, rätselhafte Schriftzüge und grelle Muster überlappen sich und werden immer wieder durch neue Graffitis ersetzt. Die Fenster mit den dunklen Scheiben sind beklebt und beschriftet, jeder darf sich hier verewigen, ein Zeichen setzen, sich ausdrücken.

„Jeder Wolfsburger hat seine eigene Verbindung zu diesem Gebäude."

Ein weiterer, heute nicht mehr erhaltener Flügel des Gebäudes, bestand aus Holz. Wegen der Gefahr durch Luftangriffe während des Zweiten Weltkriegs wurde von der Holzbauweise für öffentliche Gebäude in der Folge jedoch abgesehen. Übriggeblieben ist ein Holzstumpf, der sich, ebenfalls künstlerisch verziert, vom restlichen Massivgebäude abhebt.

Durch eine schwere, besprühte Tür geht es ins Innere des Jugendhauses, einen langen Flur entlang. Auch hier sind die Wände beschriftet und bemalt. Man könnte Wochen damit verbringen, die Botschaften zu lesen und zu entschlüsseln.

Es geht vorbei an Proberäumen, in denen sich Bands aus Wolfsburg auf ihr Konzert im Jugendhaus Ost einstimmen können. Weiter in einen Bühnenraum, in dem manchmal Wolfsburger Punk-Bands spielen, aber auch abwechselnd Electro, Techno, Hardcore, Metal oder HipHop zu hören ist. Auch internationale Bands, beispielsweise brasilianische oder malaysische, sind im „Ost" zu hören. Das Publikum besteht nicht nur aus Wolfsburger Jugendlichen, es sind „Besucher aus allen Himmelsrichtungen und aller Altersklassen", erzählt Jens Ninnemann. Auch nachmittags finden Jugendliche hier eine Anlaufstelle, können sich austauschen. Oder auch eine Siebdruck- und Holzwerkstatt mitbenutzen.

In einem weiteren Raum des labyrinthartigen Gebäudes öffnet sich ein von den Jugendlichen selbst gestalteter Aufenthaltsraum. Dort stehen gemütliche Sofas aus altem Stadtinventar, und eine aus Skateboards gebastelte Deckenlampe verbreitet schummriges Licht. „Do It Yourself" ist offensichtlich das wichtigste Motto des Hauses.

Im Garten sind Reste von Lagerfeuern, um die herum die Ostler im Sommer sitzen und grillen, während sie einem Open-Air-Konzert lauschen. Hinter dem Gebäude befindet sich ein Mountainbike-Gelände – für die Mutigen.

„Die Jugendlichen agieren hier in Eigenregie", beschreibt Christoph Hayn das in Deutschland einzigarte Konzept des Jugendhauses. Junge Leute können sich hier ausprobieren, in verschiedenen Gruppen wie der DJ- oder der Konzert-Gruppe Musiker gewinnen, Veranstaltungen organisieren. „Die Stadt Wolfsburg lässt den Jugendlichen alle Freiheiten im rechtlichen Rahmen, aber sie legt ihren Schutzmantel über das Haus", beschreibt Jens Ninnemann. Freiheit mit Rückendeckung.

Sicherheit und Beständigkeit: Auch das strahlt das selbstverwaltete Jugendhaus Ost aus. Das Gebäude gab es schon, bevor die Stadt Wolfsburg überhaupt errichtet wurde – jetzt ist es das einzige Überbleibsel einer Barackensiedlung, Dachgeber für die verschiedensten Einrichtungen und heute Treffpunkt für die Wolfsburger Jugendlichen. Und darf es nun auch für viele weitere Generationen bleiben.

Cathérine Fischer

....

So geht's zum Jugendhaus Ost:

Am Walter-Flex-Weg 2, am Berliner Ring, steht das Jugendhaus Ost.

Fliesen

Überbleibsel eines Cafés mit Kultstatus

D ie Wolfsburger kennen ihren Klieversberg. Den von Laubwald umgebenen Aussichtspunkt, von dem aus sie über die Stadt blicken können – hinweg über einen grünen Hügel, auf die vier Schornsteine des Volkswagenwerkes in der Innenstadt. Einige Bäume am Klieversberg sind so alt, dass sie als Naturdenkmäler ausgezeichnet wurden. Auch das Mahnmal für die Opfer der beiden Weltkriege ist bekannt. Ebenso der 14 Meter hohe Obelisk, der an die Schicksale derer erinnert, die in den Kriegen aus ihrer Heimat vertrieben wurden. Die Fliesen jedoch, die moosbewachsen unter den Pflanzen liegen, bemerkt keiner. Sie und ihre Geschichte sind ein Wolfsburger Geheimnis.

Der Foto- und Videokünstler und Illustrator Ali Altschaffel, der 2016 den Wolfsburger Kunstpreis gewann, weiß, wovon diese Reste zeugen: Es sind die Überbleibsel des Café Mückenstich, das bis zum Jahr 1970 an dieser Stelle stand. „Dieses Lokal war damals das In-Café von Wolfsburg", erinnert sich Altschaffel. In der Nachkriegszeit wurde der beliebte Treffpunkt eröffnet. 1970 brannte das Café ab, aus bis heute ungeklärter Ursache; man vermutet Brandstiftung.

„Es ist total traurig", sagt Ali Altschaffel, als er über den Waldboden stapft und die Reste der Fliesen freilegt. „Hier stand die weiß geflieste Küche." An der Stelle wurde einst für die Gäste des Waldcafés gekocht.

Wie ein kleiner Pavillon sah es aus, das Café Mückenstich. Ganz versteckt und idyllisch am Waldrand. „Das Café war mit sogenannten Berliner Garnituren ausgestattet, einfache Klappstühle und simple Holzvertäfelungen", beschreibt der Illustrator. „Die Gäste bestellten vor allem Berliner Weiße – ich glaube, ich habe hier mein allererstes Bier probiert." Man kann es sich so gut vorstellen, wenn Ali Altschaffel beschreibt: „Abends wurde es dann richtig romantisch und verwunschen: An den Bäumen um das Café hängten die Wirte bunte Lampions auf. Wunderschön."

Ali Altschaffel blickt auf eine vergessene Fliese und das Fundament des Cafés Mückenstich im Waldboden hinunter.

Reste der Küchenfliesen des ehemaligen Wolfsburger Kultlokals „Café Mückenstich".

Am Fundament des Cafés, versunken im Waldboden, kann man an den Steinresten entlanggehen und seinen Umriss nachempfinden. „Es war gar nicht so klein, das Mückenstich. Früher haben viele Kinder in den Ruinen am Waldrand gespielt", erzählt Ali Altschaffel. Nun ist kaum mehr etwas zu sehen. Doch viele Wolfsburger schwärmen noch heute davon – mehr als 40 Jahre nach dem Brand.

Im Café Mückenstich war immer volles Haus. Vor allem sonntags, nach einer Schlittenfahrt am Klieversberg, wärmten sich die Spaziergänger dort mit einem heißen Kakao auf. Im Frühjahr und Sommer kehrten sie nach einem Besuch im Tiergehege ein.

Oft wurde der Ortsrat angesprochen, ob das Café nicht nachgebaut werden könne. Die Mitglieder des Ortsrats griffen die Idee auf und ließen vor einigen Jahren Pläne anfertigen, um das ehemalige Kult-Café wiederaufzubauen. Gegenüber der Streuobstwiese, nahe am Tiergehege und dem Geopfad gelegen, wäre der Standpunkt ideal. Und so abgelegen am Waldrand würde es auch niemanden stören, wenn die Berliner Weiße bis zu späteren Stunde fließen würde. Außerdem ist der Ort mittlerweile, anders als in den 1960er-Jahren, an die Kanalisation angeschlossen. Einem Wiederaufbau stünde nichts im Wege. Allein, die Pläne wurden verworfen. Vielleicht gut so, denn wäre die ehemalige Atmosphäre, die gemütlich verwunschene und ungezwungene Stimmung des Café Mückenstich überhaupt wieder zu erreichen? Vielleicht sollte man lieber Arthur Schnitzler Glauben schenken, der schrieb: „Und dann ist nichts trauriger als ein aufgewärmter Zauber."

Cathérine Fischer

So geht's zu den Fliesen:

In der Sauerbruchstraße 11, am Aufgang zum Klieversberg, finden sich Reste des Café Mückenstich.

Gundula Zahr betrachtet die Fotografien am VW-Werk
aus dem Leben der Italiener.

Fotografien

Zugezogen aus dem Süden

E in Gitter hält unzählige Steine zu einer Wand zusammen. Darauf sind riesige Schwarz-Weiß-Fotos angebracht. Eines zeigt einen Torwart in Aktion: Er springt hoch, doch der Ball scheint an ihm vorbeizufliegen. Auch seine Mannschaftskollegen um ihn herum versuchen vergeblich, den Ball abzuwehren. Auf einem anderen Bild sind drei junge schwarzhaarige Männer in einer engen Küche zu sehen. Einer von ihnen schöpft eine riesige Portion Nudeln aus einem Topf, den Gesichtsausdrücken der anderen beiden zu urteilen sehr zu deren Freude. Auf einem Foto, weit oben an der Wand, sind zwei Männer zu sehen, die sich auf nicht besonders stabil aussehenden Stühlen gegenübersitzen, vor einem quadratischen Tisch, der zu klein für die kräftigen jungen Südländer wirkt. Hinter ihnen steht ein schmales Stockbett. Ein weiteres Foto zeigt eine Gruppe Männer, alle gleichen Typs – kräftig gebaut, jedoch nicht übermäßig groß, dunkles Haar, keiner älter als Mitte dreißig – die sich gestikulierend unterhalten. Hinter ihnen ragen die Schornsteine des VW-Werks auf. Als Bildquelle ist die Volkswagen AG angegeben.

Wer sind diese Männer und welche Rolle spielen sie in der Geschichte Wolfsburgs, dass sie auf den Fotos verewigt sind und an der Steinwand vor der Volkswagen-Arena im Allerpark an sie erinnert wird?

Gästeführerin Gundula Zahr kennt jedes dieser Bilder. Sie weiß, aus welcher Zeit und vor welchem Hintergrund sie aufgenommen wurden. Und woran sie erinnern sollen. „Das sind historische Dokumente aus dem Leben im sogenannten Italienerdorf. Volkswagen hat im Rahmen einer Anwerberkommission nach Arbeitern aus dem Ausland angefragt. Am 17. Januar 1962 kamen die ersten Arbeiter für das Volkswagenwerk aus Italien in der Stadt Wolfsburg an", erzählt sie. Genau genommen war es in der Nacht zum 17. Januar. Um 0.20 Uhr erreichte der Zug den Wolfsburger Bahn-

Bei ganz unterschiedlichen Aktivitäten sind die italienischen Gastarbeiter auf den Fotos festgehalten.

hof und brachte 86 Produktionsarbeiter in die Stadt. Mit Bussen wurden sie gleich in die extra für sie gebauten Unterkünfte gefahren. Zu dieser Zeit waren erst drei Holzhäuser fertig, viele weitere waren gerade noch im Entstehen.

Die Neuankömmlinge hatten nur wenige Habseligkeiten dabei. Die meisten Italiener, die in Wolfsburg ankamen, waren zwischen 18 und 20 Jahre alt. Und viele taten sich schwer, weit weg von ihrer Heimat und ihrer Familie, ohne Sprachkenntnisse in einem neuen Land. Doch die wirtschaftliche Situation im Süden Italiens, wo es nicht genügend Arbeitsplätze und einen niedrigen Lohn gab, zwang viele dazu, auszuwandern und das Arbeitsangebot im Ausland anzunehmen. Ein Großteil kam aus ländlichen Regionen. Die Italiener konnten in Wolfsburg eine Abendschule besuchen.

„Man nannte Wolfsburg auch ‚Das größte italienische Dorf nördlich der Alpen‘.“

In der Nachkriegszeit war die gefragte Produktionsmenge nicht mehr mit deutschen Arbeitern zu stemmen. Zwischen 1950 und 1960 hatte sich die Zahl der Beschäftigten im Werk zwar bereits von 15.000 auf 39.000 mehr als verdoppelt. Doch der steigende Bedarf an Automobilen und die daraus folgende weitere Expansion des Werks forderten weitere Tausende Mitarbeiter, um der Auftragslage nachzukommen. Also wandte man sich ans Ausland auf der Suche nach Arbeitern für das VW-Werk. Generaldirektor Heinrich Nordhoff stellte den Kontakt nach Italien her. Ein langjähriger Freund von ihm, Gerhard Gumpert, verkaufte von seiner Vertriebsfirma in Bologna aus nach ganz Italien Autos der Marken Volkswagen und Porsche und konnte bei den in wirtschaftlicher Not lebenden Italienern für gut bezahlte Arbeitsplätze in Deutschland werben.

Bis zum Ende des Jahres 1962 lebten bereits mehr als 3.000 Italiener in Wolfsburg. In der Spitzenzeit waren es fast 7.000. „Man nannte Wolfsburg auch ‚Das größte italienische Dorf nördlich der Alpen‘“, sagt Gundula Zahr.

Das im VW-Werk am Fließband hart verdiente Geld schickten die italienischen Arbeiter an ihre Familien. Sie benötigten für sich selbst nicht viel, denn die Unterkunft in den extra für sie gebauten

Baracken kostete nur gut 30 Mark im Monat, bei einem durchschnitt-
lichen Verdienst von 750 Mark brutto. Das war der Preis für die güns-
tigsten Zimmer, Viererzimmer. Ein Einzelzimmer kostete schon
etwas mehr als 50 Mark. Dafür hatte man allerdings seine Ruhe nach
der anstrengenden Schichtarbeit, musste nicht auf die unterschiedlichen Schlafgewohnheiten anderer, die alle zu verschiedenen Zeiten
ihren Dienst antraten, Rücksicht nehmen.

Und dann die Frauen! Die schönen Wolfsburgerinnen! „Das war
ein sehr heikles Thema, als die Italiener nach Wolfsburg kamen", sagt
Gundula Zahr. „Natürlich sehnten sich die jungen Männer nach
Gesellschaft. Die jungen Deutschen konkurrierten stark mit den Italienern. Es kam des Öfteren zu Handgreiflichkeiten in Bars." Der
Werkschutz hielt Wache vor dem Italienerdorf, das vorübergehend
sogar eingezäunt war. „Was die Stimmung natürlich nicht besser
machte und nicht gerade ein Willkommensgefühl verbreitete", so die
Stadtführerin. Die meisten Arbeitsverträge liefen nur ein Jahr; die Italiener sollten das Werk schließlich nur in der Hochphase der Konjunktur unterstützen. Dass einige italienische Arbeiter auch bleiben wollten, war nicht geplant. Dennoch war man in Wolfsburg sehr bemüht
darum, dass die Italiener sich in der Stadt wohlfühlten. Noch vor deren
Ankunft waren einige VW-Mitarbeiter sogar nach Italien gereist, um
sich ein Bild über die italienische Kultur, Lebensweise und Essge-
wohnheiten zu machen. Im
Kaufhaus Hertie, das die
Stadt im Jahr 2007 abreißen
ließ, wurden italienische
Waren angeboten. Es gab
eine italienische Eisdiele
und auch italienische Res-
taurants. In einem Kino,

„Natürlich sehnten sich die jungen
Männer nach Gesellschaft. Die jungen
Deutschen konkurrierten stark mit
den Italienern. Es kam des Öfteren zu
Handgreiflichkeiten in Bars."

dem Imperial, wurden abends Filme auf Italienisch gezeigt. Dazu organisierte man viele Dolmetscher, die für die Zugezogenen übersetzten.

„Ein großes Gemeinschaftsgefühl und einen Ausgleich hat die
1962 gegründete Fußballmannschaft Lupo geschaffen", erinnert sich
die Gästeführerin. Die Bewohner einer Baracke bildeten eine Mannschaft und spielten dann gegen die einer anderen. Untereinander wur-

den sogar Meisterschaften ausgefochten, gegen deutsche Mannschaften Freundschaftsspiele organisiert. „Lupo" gibt es noch immer, der Verein fusionierte 1981 mit dem zweiten italienischen Verein namens „Martini" und hat inzwischen 500 Mitglieder. Längst aber spielen Italiener und Deutsche in derselben Mannschaft.

Im Jahr 1974 zogen die letzten Arbeiter aus dem Italienerdorf aus, 1977 wurde das Dorf komplett abgebaut. Als das VW-Werk nicht mehr so viele Arbeiter wie zu Hochzeiten benötigte, gingen die meisten nach Italien zurück, manche blieben und zogen in Wohnungen in der Stadt. Rund 6.500 Italiener leben heute noch in Wolfsburg. Sie können auf den Fotos am Allerpark entdecken, wie die Geschichte ihrer Vorfahren in Wolfsburg angefangen hat.

Cathérine Fischer

So geht's zu den Fotografien:

In der Volkswagen-Arena im Allerpark, In den Allerwiesen 1, befinden sich die Fotos auf einer Steinmauer neben dem Gebäude.

Mauerwerk

Relikt aus dem Mittelalter

„*D*arauf sind wir schon ein bisschen stolz", sagt die Fallersleber Bürgermeisterin Bärbel Weist und deutet auf einen Glaskasten, unter dem sich ein großes Stück Mauerwerk befindet. „Vor zehn Jahren konnten wir dieses Geheimnis lüften und sichtbar machen, aber es gehen immer noch ganz viele achtlos daran vorbei", erklärt sie und ergänzt: „Was Sie dort sehen, sind Steine, die aus dem Mittelalter stammen. Über Hunderte von Jahren stand hier eine Veste, dann eine Burg und schließlich ein Schloss. Das Schloss, das es vor dem heutigen, in der Renaissance-Zeit erbauten gab, wurde nachweislich in der Hildesheimer Stiftsfehde zerstört." Selbige ereignete sich im Jahr 1519 zwischen dem Hochstift Hildesheim auf der einen und den welfischen Fürstentümern Braunschweig-Wolfenbüttel und Calenberg auf der anderen Seite.

Die Ursache für die Fehde lieferte der Hildesheimer Fürstbischof, der aufgrund einer finanziellen Notsituation Ländereien zurückforderte, die er an den Stiftsadel verpachtet hatte. Doch auch der Adel war auf die Ländereien als Einnahmequelle dringend angewiesen. Ein Teil der betroffenen Blaublütler weigerte sich deshalb, die Güter zurückzugeben. Das kam Heinrich dem Jüngeren von Braunschweig-Wolfenbüttel (1489-1568) gerade recht. Er hatte nur nach einem Grund gesucht, das Fürstentum Hildesheim angreifen zu können. 1516 verbündeten sich Stiftsadelige mit Heinrich, drei Jahre später, 1519, wurde der Konflikt zum Krieg. Heinrich der Jüngere und die Stiftsadeligen wurden von Heinrichs Bruder, Bischof Franz von Minden, und seinem Onkel Erich von Calenberg (1470-1540) unterstützt. Auf der anderen Seite standen der Hildesheimer Fürstbischof, die Stadt Hildesheim, Heinrich der Mittlere von Lüneburg und die Grafen von Schaumburg, Diepholz und Hoya. Zahlreiche Dörfer wurden bei den Schlachten geplündert und zerstört. Der Krieg war zu Ende, als die Wolfenbütteler den neugewählten Kaiser Karl V. (1500-1558) um Hilfe

Immer wieder blickt Bärbel Weist während ihrer Erzählungen durch die Sichtfenster auf das mittelalterliche Mauerwerk hinab.

49

baten: Der Kaiser erließ einen Schiedsspruch, der vorsah, dass alle eroberten Gebiete herausgegeben und alle Gefangenen freigelassen werden müssen.

1520 kam es jedoch erneut zu Gefechten zwischen dem Hildesheimer Fürstbischof und seinen Gegnern, die im Feldfrieden vom 10. Oktober 1521 endeten. Im Mai 1522 begannen Friedensverhandlungen, die schließlich im Quedlinburger Rezess vom 13. Mai 1523 die territorialen Veränderungen festhielten. Dabei kamen die Fürsten von Braunschweig-Wolfenbüttel gut weg, das Hochstift Hildesheim hatte hingegen herbe Verluste zu verschmerzen und konnte nach dem Rezess nur noch vier von ursprünglich 22 Ämtern sein Eigen nennen.

„Im Zuge dieser Fehde ist dann auch der Vorgängerbau des Fallersleber Schlosses zerstört worden", schildert Bärbel Weist. „Auf den Fundamenten und Resten hat Herzog Franz von Braunschweig und Lüneburg in der ersten Hälfte des 16. Jahrhunderts das Renaissance-Schloss erbaut." Oder zumindest fing er damit an, denn noch während der Bauarbeiten segnete er im Alter von erst 41 Jahren das Zeitliche. Nun war seine Witwe Bauherrin, Clara von Sachsen-Lauenburg (1518-1576). „Sie stellte den Bau 1551 als ihren Witwensitz fertig", erzählt die Ortsbürgermeisterin (siehe Geheimnis 04). Mehr als 27 Jahre lebte Clara hier. „Wir haben ihr einen enormen Aufschwung zu verdanken, sie hat viel für Fallersleben getan", erklärt Bärbel Weist. Zum Beispiel erließ Clara zahlreiche Ordnungen, 1555 die Münzordnung, 1573 die Marktordnung und schließlich auch die Brauordnung.

Zeugen längst vergangener Zeiten: die Mauersteine aus dem Mittelalter.

„Das Schloss sah damals noch anders aus als heute", berichtet Weist. „Früher, also so, wie Clara es aufgebaut hatte, war das Schloss U-förmig um einen nach Süden geöffneten Hof gruppiert. Heute stehen nur noch der Westflügel und der Turm."

Und da das Schloss bis 1760 von einem zwölf Meter breiten Wassergraben umgeben gewesen sei, habe man damals auch den Charakter als Wasserschloss noch wesentlich stärker wahrnehmen können, als das heute der Fall ist.

„Das, was wir hier durch dieses Sichtfenster sehen, ist das Einzige, was uns aus dem Mittelalter erhalten geblieben ist", erzählt die Fallersleberin. Entdeckt wurden die Fundamente – es handelt sich um Keller- und Tonnengewölbe – im Jahr 2001, während der umfangreichen Sanierungsarbeiten am Schloss Fallersleben. „Archäologen haben den Fund als wissenschaftlich bedeutend eingestuft", freut sich die Bürgermeisterin. Auf Initiative des Kultur- und Denkmalvereins Fallersleben, dessen Vorsitzende Bärbel Weist seit dessen Gründung ist, und mit Hilfe zahlreicher Bürger und Firmen wurde dann in den Jahren 2006 und 2007 das Sichtfenster in die Vergangenheit hergestellt. Darauf ist Bärbel Weist als Bürgermeisterin stolz. Völlig zu Recht.

„Das, was wir hier durch dieses Sichtfenster sehen, ist das Einzige, was uns aus dem Mittelalter erhalten geblieben ist."

Eva-Maria Bast

So geht's zum Mauerwerk:

Es befindet sich einige Meter östlich des Schlosses unter einem großen Glaskasten. Das Schloss steht am Schlossplatz 6 im Wolfsburger Ortsteil Fallersleben.

12

Carl-Grete-Gedenkstein
Ruhestätte eines Kämpfers

„Diesen Gedenkstein habe ich selbst erst vor einigen Wochen
hier in Vorsfelde entdeckt", erzählt die Journalistin
Andrea Müller-Kudelka. Bei einem abendlichen Spaziergang durch den Ort ist er ihr erstmals am Eingang zu
einem kleinen Rondell aufgefallen. Zwar ist auf dem Gedenkstein
viel über den Mann zu lesen, dem er gewidmet ist, doch Andrea

Müller-Kudelka wollte noch mehr wissen und hat im Stadtarchiv recherchiert.

„Carl Grete war Mitte des 19. Jahrhunderts Bürgermeister von Vorsfelde und ein großer Verfechter der in der Französischen Revolution vertretenen liberalen Ideale", erklärt Andrea Müller-Kaudelka. „Er hat sich gegen die Obrigkeit aufgelehnt – und sich damit nicht nur Freunde gemacht."

Geboren wurde der spätere Revolutionär unter dem Namen Carl Wilhelm Anton Grete am 23. Mai 1810 in Vorsfelde. Sein Vater, Carl Grete Senior, gehörte dem wohlhabenden Bürgertum an und betrieb ein Handels- und Kaufmannsgeschäft. Im 18. Jahrhundert war Grete Senior Bürgermeister von Vorsfelde. Das Haus der

> *„Er hat sich gegen die Obrigkeit aufgelehnt – und sich damit nicht nur Freunde gemacht."*

Familie Grete steht noch heute, in der Lange Straße 36. Ein Bronzeschild mit der Inschrift *Wohnhaus vom Kaufmann und Bürgermeister Carl Grete* erinnert an seine ehemaligen Bewohner. Der Sohn trat in die Fußstapfen seines Vaters und wurde gleich zweimal zum Bürgermeister von Vorsfelde gewählt: In den Jahren 1841 bis 1848 und 1851 bis 1856.

„Carl Grete gründete in seiner ersten Amtszeit einen Bürgerverein, in dem politische Ideen, Einstellungen und Ziele öffentlich diskutiert werden durften", so Andrea Müller-Kudelka. Aber auch wissenschaftlichen und kulturellen Themen widmeten sich engagierte Bürger, trugen Meinungen und Ansätze vor, diskutierten. „Grete rief eine Bürgerwehr ins Leben und organisierte ganz nebenbei noch einen Männergesangsverein in Vorsfelde", weiß die Journalistin zu berichten.

Am Ende seiner ersten Amtsperiode übersandte er, am 16. März 1848, eine Petition im Namen der Bürgerschaft an Herzog Wilhelm von Braunschweig (1806-1884). Darin sprach er sich gegen die Allmacht des Militärs aus, forderte uneingeschränkte Pressefreiheit und ein neues Wahlrecht. Demnach sollte jeder frei wählen können, unabhängig von seinem Besitz und Steueraufkommen. Dazu plädierte er für die Öffentlichkeit der Ständeversammlungen und setzte sich für

Andrea Müller-Kudelka hat den Gedenkstein erst vor Kurzem entdeckt.

eine Kasse für die Armenunterstützung des Bürgervereins ein. „Die Not seiner Mitbürger zu lindern, lag ihm besonders am Herzen", kann man heute auf Gretes Gedenkstein lesen.

Als Gleichgesinnter galt der Dichter Hoffmann von Fallersleben (siehe Geheimnisse 20 und 38). Die beiden trafen sich oft in Gretes Haus in der Lange Straße 36, um ihre Gedanken zu Politik und Gesellschaft auszutauschen. Da Hoffmann von Fallersleben politische Verfolger abzuschütteln hatte, floh er oft aus dem Hannoverschen über die Grenze ins Braunschweigische zu Grete. Und dieser gewährte ihm Unterschlupf.

Gretes größtes Ziel waren die Einheit und Freiheit Deutschlands, gewährleistet durch eine rechtstaatliche Verfassung anstelle einer aristokratisch-monarchischen Herrschaft. Als sich 1849 ein Beitritt des Herzogtums zum Dreikönigsbündnis Preußen, Hannover und Sachsen anbahnte, trat Carl Grete aus der Abgeordneten-Versammlung aus. Im Jahr 1850 legte er sein Amt als Präsident des Bürgervereins nieder, nachdem er sich von seinen Vereinsmitgliedern in seiner liberalen Gesinnung nicht mehr verstanden sah.

„Grete wurde einmal beinahe verhaftet", erzählt Andrea Müller-Kudelka weiter aus dem Leben des Revoluzzers. „Er hatte 1853 ein Paket mit Flugblättern erhalten, auf denen die brutale Auflösung eines Aufstandes durch die Polizei in Baden kritisiert wurde." Dort hatte sich eine liberal eingestellte Gruppe gegen das monarchische System aufgelehnt. Grete brachte die Flugblätter über die Landesgrenze nach Fallersleben, von dort gelangten sie nach Hannover. Viele von den jungen Oppositionellen wurden daraufhin verhaftet.

Nur einen bekam die hannoversche Polizei nicht zu fassen: Carl Grete. Vorsfelde galt für die hannoverschen Verfolger als Ausland. Also lauerten Polizisten ihm am 6. Juli 1853 im Schloss Wolfsburg auf, um ihn wegen Verbreitung von „hochverräterischen Schriften" festzunehmen. Grete besuchte dort gerade eine Wohltätigkeitsveranstaltung. „Doch als die Wachmänner sich auf ihn stürzen wollten, stellten sich Pastoren, Lehrer und andere Bürger vor Grete, um ihn zu schützen. So entstand ein Chaos, wodurch es ihm gelang, aus dem Fenster zu springen und auf sicheres Braunschweiger Gebiet zu fliehen", beschreibt die Vorsfelderin. Der Pastor der St. Marienkirche, David Lochte, verhalf Grete zur Flucht: In dem Moment, als zwei hannoversche Polizisten Grete schnappen wollten, griff er couragiert ein und schaffte ihn nach draußen. Später stellte man das Verfahren gegen Carl Grete ein. Am 16. Februar 1871 starb der Revolutionär im Alter von 61 Jahren.

„Es ist sehr passend, dass auf seinem Gedenkstein hier in seinem Geburts- und Sterbeort Vorsfelde eine Waage abgebildet ist", findet Andrea Müller-Kudelka. Darunter stehen die Worte *Freiheit, Gleichheit, Brüderlichkeit* – die Werte, für die die Französische Revolution kämpfte und für die auch Grete einstand.

Cathérine Fischer

So geht's zum Carl-Grete-Gedenkstein:

In Vorsfelde, am Rondell „Am Ehrenfriedhof", befindet sich am linken Eingang der Gedenkstein für Carl Grete.

13

Tür

Eingang in ein ehemaliges Warenhaus

Die Werke des Künstlers Paul Kaminski sind auf der ganzen Welt zu sehen und wurden bereits in Melbourne, London, Dublin und Zürich gezeigt. Auch in dem zum Wolfsburger Schloss gehörenden Restaurant hängen seine großen farbenfrohen Malereien. Doch privat hat es ihn in den Wolfsburger Vorort Ehmen verschlagen. Dort wohnt und arbeitet er in einem verwunschen eingewachsenen Gebäude, in dem ursprünglich einmal ein Geschäft beheimatet war. An der türkisfarbenen Türumrandung, auf und neben der Pflanzentöpfe mit wildwachsendem Grün stehen, lehnt ein originales Messingschild. Der noch gut lesbare Schriftzug darauf verrät, was einmal in diesen Räumen vertrieben wurde. *Walter Behrens. Briefmarkenhandlung*, ist darauf zu lesen.

„Hinter dieser Tür, wo ich heute arbeite und wohne, wurden früher Briefmarken an den Mann oder die Frau gebracht. Es ist noch die originale Holztür des ehemaligen Warenhauses", erzählt Paul Kaminski. „Und fast niemand weiß mehr von dem

Paul Kaminski vor einem seiner Kunstwerke.

Handel, der einst hinter dieser Tür betrieben wurde. Aber wenn ich sie hinter mir schließe, male ich mir gern aus, wie in meinen heutigen Arbeitsräumen früher rührig Geschäfte gemacht wurden."

Im Jahr 1920, nach dem Ersten Weltkrieg, pachtete Walter Behrens das Gebäude, das bis dahin als Luftwaffen-Tanklager gedient hatte. Kurze Zeit später kaufte der Briefmarkenhändler Haus und Grund-

Die originale Tür der ehemaligen Briefmarkenhandlung.

stück in der Mörser Straße in Ehmen. Behrens Briefmarkenhandlung war zu jenem Zeitpunkt bereits überregional bekannt. Denn bevor er die Filiale in Ehmen eröffnete, war seine Firma in Kassel und Braunschweig ansässig.

„Ich mag die Vorstellung, dass in diesem Gebäude schon früher fleißig gearbeitet wurde.“

Behrens ließ das Gebäude für seine Geschäftszwecke umbauen und nutzte es zusätzlich als Sommerhaus für seine Familie und als Unterkunft für Verwandte in den Kriegsjahren. Bis zu seinem Tod im Jahr 1950 verkaufte Behrens im heutigen Atelier Briefmarken.

„Ich mag die Vorstellung, dass in diesem Gebäude schon früher fleißig gearbeitet wurde“, sagt Künstler Paul Kaminski. „Dass die Familie Behrens hier ihre Briefmarken verkauft und ihre Sommer auf dem schönen, zu dem Gebäude zugehörigen Grundstück verbracht hat. Dort, wo ich heute meine Skulpturen aufstelle“, sagt der Künstler, lehnt sich an die türkisfarbene Wand und blickt in den verwunschenen Garten.

Cathérine Fischer

So geht's zur Tür:

Im Wolfsburger Vorort Ehmen, in der Gothaer Straße 7, steht die ehemalige Briefmarkenhandlung, in dessen originalen Räumlichkeiten heute der Künstler Paul Kaminski sein Atelier eingerichtet hat.

Axel Claes kennt die spannende Geschichte hinter diesem Wappen.

14

Wappen

Auszeichnung für besonders gute Pülverchen

„Hier läuft jeder achtlos dran vorbei", sagt Axel Claes, „Keiner beachtet es, und wenn es doch jemand sieht, kann er oft nichts damit anfangen." Der Fallersleber aber kennt die Geschichte hinter dem Wappen – und weiß, dass es dem Apotheker Wilhelm Gottfried Dannemann im Jahr 1736 vom Königreich Hannover verliehen wurde. „Es stellt eine Auszeichnung für die Arbeit des Apothekers dar", sagt er.

Wilhelm Gottfried Dannemann habe Salben und verschiedene Arzneimittel selbst hergestellt und, wie der Generalinspektor sämtlicher Apotheken im Königreich Hannover befand, seine Sache wohl sehr gut gemacht. Der Generalinspektor reiste zweimal im Jahr, meistens während der Oster- und Michaelisferien der Universität Göttingen (die ihn entsandte) durch die Lande, um sämtliche Apotheken zu besuchen und den zuständigen Landdrosteien Bericht über die dortige Arbeit und die Hygiene zu erstatten. Herausragenden Apotheken wurde dann das „kurfürstlich Hannoversch-königlich Britannische Wappen" vom Ministerium des Innern als Auszeichnung verliehen. Und zu diesen privilegierten Apotheken zählte eben auch die Apotheke des Wilhelm Gottfried Dannemann.

Das Wappen: Kennzeichen für eine privilegierte Apotheke.

Übrigens: An dem Haus, an dem das Wappen bis heute angebracht ist, befand sich fast 200 Jahre lang eine Apotheke – seit 1698, um genau zu sein. Und immer im Besitz der Familie Dannemann. Allerdings existierte sie nur bis 1879, dann verlegte Wilhelm Heinrich Theodor Dannemann, ein Nachfahre des oben genannten Apothekers, die Apotheke in die Westerstraße. Es handelt sich um die heutige Osterloh-Apotheke. „Das Wappen konnten die Besitzer der neuen Apotheke allerdings nicht mitnehmen, war es doch fest am Haus eingemauert. Sie ließen es, wo es war", sagt Claes. „Und genau deshalb ist es so rätselhaft – weil es an dieser Stelle heute keinen Bezug mehr zur Apotheke gibt."

Eva-Maria Bast

So geht's zum Wappen:

Das Wappen ist am Haus Marktstraße 21 / Ecke Kirchtwetje zu sehen.

Margarete Grabe, geborene Lehne, hat als Kind in der Mühle mitgeholfen.

15

Lehnsche Mühle

Wolfsburgs Flügellose

E ine Windmühle ohne Flügel? Gibt es! Auf der Landstraße von Wolfsburg nach Fallersleben ragt sie in einem Garten auf, kegelförmig und, ohne ihre Flügel, auf den ersten Blick gar nicht als Mühle zu erkennen. Doch in den Jahren 1896 bis circa 1960 versorgte diese nun ruhende Mühle die Umgebung des heutigen Wolfsburg mit Mehl.

1894 bis 1896 errichtete ein Zimmermeister namens Mohrmann die Mühle. Entsprechend hieß sie zu jener Zeit „Mohrmannsche Mühle". 1931 kaufte Albert Lehne dem Zimmermann seinen Besitz ab, und die Mühle wurde – wieder benannt nach ihrem Besitzer – zur „Lehnschen Mühle".

Margarete Grabe, Tochter von Albert Lehne, 1936 geboren, erinnert sich noch genau an ihre Kindheit in der Mühle. Und an die Geschichten, die ihre Eltern über das Gebäude erzählten. „Wir belieferten die umliegenden Bäcker mit Mehl. Auch Futtermittel für das Vieh stellten wir her und lieferten es an die Landwirte. Jeden Sonntag stand ich in der Mühle und habe das Mehl für den Verkauf abgewogen", erzählt die Tochter des ehemaligen Besitzers. Ab 1952 war diese Mühle nur mehr als Kornmühle in Betrieb. In ihr wurde von da an nicht mehr gemahlen, sondern geschrotet, also Getreide nur noch grob zerkleinert, nicht mehr fein gemahlen.

In der Nacht zum 13. Januar 1936, in der Margarete Grabe geboren wurde, fegte ein schrecklicher Sturm über die Nacht. „So heftig, dass er den ganzen Mühlenkopf mitsamt den Flügeln unserer Mühle abgerissen hat", erzählt Margarete Grabe. Bis in den nebenan gelegenen Acker habe der Wind die Flügel geschleudert. Mutter Lehne, noch im Wochenbett mit Margarete, habe die kräftigen Nachbarsjungen darum gebeten, die Reste der Flügel zusammenzusuchen. Doch verwendbar war davon nichts mehr. „Also stand unsere Mühle ohne Flügel und mit offenem Dach da", erklärt die Müllerstochter die Folgen der Nacht. Albert Lehne verschloss die Mühle provisorisch. Doch ohne Flügel war es natürlich nicht mehr möglich, die Mahlsteine im Inneren mit

Ohne Flügel ist die Lehnsche Mühle nur schwer als solche erkennbar.

Windkraft anzutreiben. Fünf Jahre lang stand die Mühle zunächst still, bis sie 1941 elektrifiziert wurde und wieder in Betrieb ging: Nach dem Zweiten Weltkrieg übernahm die Stadt die Kosten für eine umfängliche Renovierung. Das nach dem Sturm in der Not schnell reparierte Dach wurde fachmännisch erneuert. Alle Material- und Arbeitskosten trug die Stadt, um die alte Mühle zu erhalten. Flügel bekam sie jedoch keine mehr, denn mittlerweile lief der Betrieb elektrisch.

Blickt man heute an der Mühle empor, ist das nach dem Sturm angebrachte Holzfünfeck zu erkennen, das das Loch verschließt, an dem vor dem Sturm die Flügel angebracht waren. Ihr über 100 Jahre altes Gemäuer ist jetzt umgeben von einem kurzgetrimmten Rasen, neu gesetzten Blumen und Sträuchern, die sich an die Mühlenwand lehnen. Ein junger Apfelbaum steht neben ihm und ein gepflegter weißer Fiat „Cinquecento"

„Jeden Sonntag stand ich in der Mühle und habe das Mehl für den Verkauf abgewogen."

ist vor ihr geparkt. Das Auto gehört den neuen Besitzern, Familie Marrone. Liebevoll pflegen die Italiener die geschichtsträchtige Mühle, die sich an ihr Weinlokal anfügt. Im Inneren der Mühle riecht es nach altem Holz, und die schweren Mahlwerke scheinen zu schlafen. Neben den Zahnrädern finden sich heute ab und an ein paar Kisten mit erlesenen Weinen – denn die alte Lehnsche Mühle, die ausnahmsweise den Namen ihrer ehemaligen Besitzer behalten hat, wird auch als Weinlager für das Geschäft der Marrones verwendet.

Und so steht die Mühle heute renoviert und stabil, stillgelegt und doch weiter genutzt im Garten. Ganz ohne die Flügel, die der Sturm in Margarete Grabes Geburtsnacht 1936 fortgetragen hat.

Cathérine Fischer

....

So geht's zur Lehnschen Mühle:

Sie steht an der Wolfsburger Landstraße 10.

16

Hausmalerei

Ein Hauch Zauberei mitten in Wolfsburg

Was hat der britische Schriftsteller John Ronald Reuel Tolkien (1892-1973), der Erfinder der fantastischen Welten aus „Herr der Ringe" und „Der kleine Hobbit", mit Wolfsburg zu tun? Genau genommen ist er überall in der Stadt verewigt. Der Illustrator und Fotograf Ali Altschaffel zeigt einige Häuserfassaden, die sich durch ihre bunten Bilder von den nebenstehenden Häusern deutlich abheben. In der Saarstraße beispielsweise finden sich bunte Hauswände, ebenso im Elsterweg und im Kolpingweg. Tiermotive zieren die Fassaden hier, dort führt der Hals einer Giraffe an Fenstern der oberen Stockwerke vorbei, oder ein Nilpferd späht hinter einem Busch hervor, der unten am Hausrand wächst. Andere Häuser sehen mit abstrakten eckigen Gemälden in verschiedenen Blautönen wie verwandelt aus. Und am Brandenburger Platz prangt eine riesige Postkutsche samt Kutscher und Pferd auf einem sonst eher unscheinbaren Haus.

„Diese Bilder, und das wissen die wenigsten Wolfsburger, hat derselbe Künstler gemalt, der auch die deutsche Erstausgabe von Tolkiens ‚Der Kleine Hobbit' illustriert hat. Er hieß Horus Engels", sagt Ali Altschaffel.

Horus Engels (1914-1991), in Berlin geboren, malte und zeichnete schon als Kind, hauptsächlich im Comic-Stil. Im Jahr 1948, nach sieben Jahren russischer Kriegsgefangenschaft, begann er, als freischaffender Künstler zu arbeiten. Seine Wahlheimat und sein Arbeitsort: Wolfsburg. In der Burg Neuhaus richtete Engels sein Atelier ein. Er engagierte sich neben seiner künstlerischen Arbeit als Maler, Illustrator und Bildhauer auch für die Öffentlichkeit, so rief er beispielsweise eine Pfadfindergruppe ins Leben.

Gegen Ende des Zweiten Weltkriegs fiel Horus Engels, mit bürgerlichen Namen Richard Engels, Tolkiens Originalausgabe „The Hobbit" in die Hände. Er war begeistert von der Geschichte, den Figuren, der

Die von Horus Engels gemalte Postkutsche am Brandenburger Platz.

fantastischen Welt. So beschreibt er später, dass für ihn mit der Lektüre des Buchs „ein großes Abenteuer" begann: „Wolfsburg wurde verzaubert. Die großen Wälder belebten sich mit Tolkiens Gestalten. Hinter den großen Eichen des Nordwaldes lugten Elfen hervor, Bilbo Baggins schien in einem gemütlichen niedersächsischen Dorf zu wohnen, und der nahe Harz mit seinen Felsklippen erinnerte an die drohenden Nebelberge", sagte der Künstler darüber.

„Das verleiht Wolfsburgs Häusern etwas ganz Besonderes. Wenn man Engels verstreute Malereien denn überhaupt entdeckt."

Man kann sich bildlich vorstellen, wie Horus Engels durch das von der Tolkienschen Welt so verschiedene Wolfsburg ging und sich dabei Bilder der Geschichte mit der Realität vermischten. Der Illustrator nahm Kontakt zu dem britischen Schriftsteller auf, um ihn dazu zu bewegen, sein Buch ins Deutsche übersetzen zu lassen. Und er legte zwei Illustrationen bei, womit er sich selbst anbot, „The Hobbit" zu illustrieren. Schließlich gelang es Engels, den Literaturwissenschaftler Walter Scherf (1920-2010) zu einer Übersetzung aus dem Englischen zu bewegen. Und er selbst illustrierte die im Jahr 1957 erschienene deutsche Erstausgabe „Kleiner Hobbit und der große Zauberer".

„Wenn man genau hinsieht", sagt Ali Altschaffel, „sieht man, dass die Bilder von Horus Engels an den Häusern nicht nur aufgemalt, sondern teilweise erhaben sind, also einige Zentimeter aus der Wand herausragen." Manchmal sei seine Kunst abstrakt, manchmal detailgetreu. Aber immer irgendwie verspielt. „Das verleiht Wolfsburgs Häusern etwas ganz Besonderes. Wenn man Engels verstreute Malereien denn überhaupt entdeckt."

Cathérine Fischer

······································

So geht's zur Hausmalerei:

Am Brandenburger Platz 16-22 kann man beispielsweise ein Bild des Künstlers Horus Engels entdecken.

Gundula Zahr kommt auf ihren Joggingtouren oft an der Henkerseiche vorbei. Sie weiß auch, warum der Baum so heißt.

17

Henkereiche

Ein Name, der in die Irre führt

Knorrig und wulstig ist ihr Holz. Auf der linken Seite hört der Wuchs in einem Stumpf auf, aus dem wieder neue, noch ganz dünne Äste mit zarten Blättern sprießen. In der Mitte tut sich ein Loch auf, das Holz darin sieht schon etwas morsch aus. Vielleicht hat dort ja einmal ein Vogel genistet?

Auf der rechten Seite der Eiche, hinter einem weiteren abgebrochenen, wohl einmal sehr großen Ast, wächst der Stamm erst ab zwei

Metern Höhe schlank und kräftig weiter. In einen rotbraunen Stein vor der Eiche, der selbst fast wie Holz aussieht, ist der Name dieses ganz besonderen Baumes geritzt: Henkereiche. Wurden an diesem Baum einmal Leute gehängt? Oder woher kommt diese gruselige Bezeichnung?

„Bei dem Namen könnte man denken, dass dieser Baum als Galgenbaum benutzt wurde", bestätigt Gundula Zahr. Wenn sie nicht gerade Touristen durch die Stadt und das Schloss Wolfsburg führt, geht sie oft im Stadtwald laufen und kommt an dieser Stelle vorbei. Die Henkereiche steht gleich am Rand des Weges Richtung Rabenberg. Bäume wurden von Henkern für ihren Zweck ausgewählt, wenn sie einen besonders starken, waagrecht wachsenden Ast hatten. Dieser musste dann als Galgen herhalten. „Der Name dieser uralten Eiche führt in die Irre. An ihr wurde niemand gehängt", klärt Gundula Zahr auf. Der Baum habe diesen Namen nur bekommen, weil er so ähnlich

Exakt 22 Meter hoch und 1,35 Meter breit ist diese Eiche.

aussieht wie die Eichen, an denen im Mittelalter Todesurteile vollstreckt wurden und weil aus ihr ein starker Ast nach links oben wächst, der als Galgen geeignet gewesen wäre. „Diese Eiche ist an die 200 Jahre alt", sagt sie und schaut respektvoll an dem alten Baum hinauf. „Sie ist heute sogar ein Naturdenkmal."

Der restliche Wald ist quasi um sie herum gewachsen. Heute erstreckt sich der Stadtwald auf 950 Hektar.

Die Henkereiche ist nicht der einzige Baum in Wolfsburgs Wäldern mit einem besonderen Namen. Eine weitere alte Eiche wird Liebeseiche genannt. Am Hasselbachweg steht dieser über einhundert Jahre alte Baum. Ganz idyllisch zwischen zwei Holzbänken, die Liebende anlocken, um auf ihnen Platz zu nehmen. Vor den Bänken steht ein aus einem Baumstumpf umfunktionierter Tisch. Vielleicht, damit die Verliebten hier ein gemütliches Picknick veranstalten können? Früher ritzte man seinen

„Der Name dieser uralten Eiche führt in die Irre. An ihr wurde niemand gehängt.“

Anfangsbuchstaben und den des Angebeteten in den Stamm der Liebeseiche. Welche Szenen sie wohl schon unter sich hat beobachten können?

Hoffentlich können sie und die Henkereiche noch viele Baumringe sammeln!

Cathérine Fischer

So geht's zur Henkereiche:

Auf der Nordseite des Weges im Waldgebiet südlich vom Rabenberg befindet sich die circa 200 Jahre alte Henkereiche.

Reinhold Kulbe legt seine Hand auf den Mühlstein.
Drehen lässt er sich aber natürlich nicht.

18

Mühlstein

Eingewachsenes Relikt im Park

Wolfsburg ist eine Stadt mit unerwartet viel Grün. Ob die wunderschön gepflegte und romantisch-verwunschene Parkanlage um das Schloss, ob der mit vielen Freizeitangeboten ausgestattete Allerpark oder aber der große Stadtwald – den Wolfsburgern mangelt es nicht an Oasen. Ein ganz besonderer Park fehlt allerdings noch in dieser Auflistung. Einer, der um einen Teich gelegen ist. Die Rede ist vom Schillerpark, in dem sich ein rätselhafter radförmiger Stein versteckt. Dessen Geschichte kennt der alteingesessene Wolfsburger Reinhold Kulbe ganz genau. Er weiß auch, woher Anlage und Teich ihren Namen haben und dass der Name nichts mit Friedrich Schiller zu tun hat, wie man vielleicht annehmen möchte.

> *„Ich weiß noch, dass ich die Sägen arbeiten hörte, wenn ich in der Nähe des Schillerteichs war."*

Reinhold Kulbe, 1933 geboren, ist in Wolfsburg großgeworden. „Dieser Stein hier", beginnt er seine Erzählung und biegt ein paar Äste zur Seite, die über dem Mühlstein liegen, „dieser Stein erinnert an das Mahlwerk, das einmal am Teich stand. Die Schillermühle. Das war ein Mahl- und Sägewerk. Nichts ist mehr übrig geblieben von dieser einst für die Versorgung der Stadt so wichtigen Mühle. Nur noch dieser nachgebaute Stein erinnert an sie."

1595 wurde der Mühlenbetrieb zum ersten Mal urkundlich erwähnt, ebenso der erste Pächter der 2,5 Hektar großen Anlage, Hans Joachim Müller. Im 17. Jahrhundert gehörte die Schillermühle dann zum Besitz der Familie von der Schulenburg. Die ließ darin Getreide verarbeiten. Roggenmehl und unterschiedliche Weizensorten wurden hier gemahlen und die Bäcker mit Mehl versorgt. Die Tagesleistung betrug damals zehn Tonnen Roggen oder Weizen. 1863 erweiterten die von der Schulenburgs die Mühlenanlage um ein Sägewerk. Anfangs von einer mächtigen Dampfmaschine betrieben, verarbeitete man hier nun auch Holz. Die Erzeugnisse deckten den Bedarf der umliegenden Betriebe. Auch der nordwestliche Raum und das rheinisch-westfälische Industriegebiet profitierten. Die benötigte Dampfkraft gewannen die Mühlenarbeiter durch Energie, die aus der Verwertung der Holzabfallprodukte aus dem eigenen Werk anfiel. 90 Prozent des Materials für das Sägewerk ließen die von der Schulenburgs aus den eigenen Forsten des Grafen besorgen, den Rest aus Wäldern in der Umgebung kaufen.

Da der Wasserspiegel abgesunken war, konnte das Rad nicht mehr verwendet werden und wurde in den Jahren 1938/39 abgebaut. Ende der 1960er-Jahre wurde das Wasser des Schillerteichs nur noch zum

Kühlen der Maschinen verwendet, zugeführt durch eine Pumpe. Bis 1970 war die Sägemühle am Schillerteich in Betrieb. „Ich weiß noch, dass ich die Sägen arbeiten hörte, wenn ich in der Nähe des Schillerteichs war", erinnert sich Reinhold Kulbe.

Der gesamte Gebäudebestand setzte sich Ende der 1960er-Jahre aus der Sägemühle, dem Mühlengebäude, dem Haus für die Maschinen,

Nur dieses Denkmal erinnert noch an die Schillermühle.

dem Bürogebäude, einem Aufenthaltsraum für alle Mitarbeiter, zwei Schuppen, die als Lager verwendet wurden, und den Wohnungen für die Arbeiter zusammen. Zu jener Zeit waren um die 40 Männer in der Schillermühle beschäftigt.

1970 verkauften die von der Schulenburgs das Mahl- und Sägewerk an die Stadt. Der 30 Meter hohe Schornstein wurde gesprengt und auch die restlichen Anlagen dem Erdboden gleichgemacht.

Heute steht an der Stelle der ehemaligen Schillermühle das Schillerteich-Center. Nur noch das nachgebaute Rad erinnert an die Anlage ebenso wie das einstöckige Wohnhaus Am Mühlengraben 5 bis 7, eines der Häuser, in dem die Arbeiter zur Zeit des Betriebs der Schillermühle untergebracht waren. „Diese einzige erhaltene Unterkunft ist damit das älteste Gebäude des Stadtteils Schillerteich", sagt Reinhold Kulbe. Die alten Holzvertäfelungen sind mittlerweile fast schwarz durch die Sonneneinstrahlung. Das gepflegte Haus mit den niedrigen Fenstern ist auch heute noch bewohnt.

Als Reinhold Kulbe noch ein Kind war, war der Schillerteich ein beliebtes Badegelände. Von der Brücke über der Schleuse ist er oft in den Teich gesprungen. Und als die Winter noch richtig kalt waren, fuhr er Schlittschuh und umrundete die kleine Insel in Mitte des Wassers, immer vor der Kulisse des Mühlenwerks. Die Insel im Schillerteich steht nun unter Naturschutz und darf nicht mehr betreten werden.

Doch auch heute hat der Schillerteich seinen ganz eigenen Charme.

Auf einem gepflegten Kiesweg können Spaziergänger entlanglaufen. Aus seiner Mitte steigt eine Wasserfontäne in hohem Bogen auf und hinterlässt weite Wasserringe. Zahlreiche Gänse finden Unterschlupf an der ehemaligen Schleuse und bewegen sich geschäftig durch den Park.

Und woher kommt überhaupt der Name Schillermühle? Viele Wolfsburger denken, die Mühle sei nach dem Dichter benannt. Es gibt aber keinerlei Verbindung zu Friedrich Schiller. Da in dem Wasser früher gefischt wurde, nannte man ihn „Schill-Teich", eine alte Bezeichnung für Fischteich.

„Die Getreidemühle", sagt der alteingesessene Wolfsburger, „stellte lange Zeit Mehl der Marke Allerkrone her. Die Schillermühle mahlte das Mehl, mit dem die Bäcker aus Wolfsburg, Fallersleben und Vorsfelde beliefert wurden."

Die Werbung für das Mehl der nicht mehr existierenden Marke Allerkrone können bestimmt noch einige Wolfsburger mitsprechen: „Wenn die Hausfrau backen will, / steht sie vor dem Laden still, / überlegt hin und her, / welches Mehl das beste wär! / Wolfsburgs alte Schillermühle / führet sie da schnell zum Ziele. / Daß das Kuchenbacken lohne, / Hausfrau, wähle Allerkrone. / Weil alsdann der Kuchen geht, / locker in der Backform steht, / weiß und zart und wunderfein, / besser könnte er nicht sein. / Und es preisen Deine Gäste, / laut bei dem Geburtstagsfeste / Deinen Allerkronenkuchen / Solchen kann man weithin suchen!"

Cathérine Fischer

So geht's zum Mühlstein:

An dem ehemaligen Gesindehaus für die Arbeiter der Schillermühle, Am Mühlengraben 5 bis 7, führt ein Weg in den Schillerpark. Schlägt man gleich den Weg nach links ein, ist nach etwa 50 Metern der Mühlstein zu entdecken.

19

Torbogen

Verzweifelter Mönch und spukende Frau

Was wäre ein Schloss ohne eine Spukgeschichte, die einem die Haare zu Berge stehen lässt? Auch Schloss Wolfsburg kann mit mehr als einer ominösen Geschichte aufwarten. Museums- und Gästeführerin Elke Schulz erzählt von Hans dem Reichen, einem verhängnisvollen Auftrag und einem tragischen Schicksal. Und sie erklärt auch, was diese Geschichten mit einem Torbogen zu tun haben, der heute noch zu sehen ist.

„Im 16. Jahrhundert residierte Hans von Bartensleben im Schloss Wolfsburg", erzählt Elke Schulz. „Er war es auch, der einen großen Umbau des Gebäudes in die Wege leitete und es zu einem Renaissance-Schloss werden ließ." Nicht von ungefähr trug Hans von Bartensleben (1512-1583) den Spitznamen Hans der Reiche, denn er war in einer langen Phase des Friedens zu erheblichem Wohlstand gekommen.

Im 16. Jahrhundert, einer Zeit ohne kriegerische Bedrohung für Wolfsburg, verkaufte Hans der Reiche Holz aus den eigenen um Wolfsburg gelegenen Wäldern und handelte mit Getreide. Auch durch Vieh- und Fischzucht vermehrte er sein Vermögen. Er galt als sehr großzügiger Schlossherr, der große Teile seiner Einnahmen am Ende seines Lebens in eine Stiftung gab, um Kindern aus armen Familien den Schulbesuch in Vorsfelde, einem Wolfsburger Vorort, zu ermöglichen. Diese Stiftung gab es bis zum Ende des 19. Jahrhunderts.

Nicht nur hinsichtlich seines ansehnlichen Vermögens zeigte sich Hans der Reiche großzügig: In der Reformation, als sich Katholiken und Reformierte feindlich gegenüberstanden, erlaubte er den Menschen unter seiner Herrschaft eine freie Glaubenswahl. Er ließ sogar einen Vertrag aufsetzen, in dem ein friedliches Mit- und Nebeneinander der beiden Konfessionen garantiert wurde. Die Glaubensfrage beschäftigte ihn jedoch weiter. Und hier setzt die Legende ein: Was war nun der vermeintlich richtige, der wahre Glaube? Der Protestan-

Museumsführerin Elke Schulz betrachtet
den sagenumwobenen Torbogen.

tismus oder der Katholizismus? Diese Fragen bilden die Grundlage für die tragische Spukgeschichte um das Schloss:

„Hans schickte einen befreundeten Mönch zum Probst, um über die Frage nach dem richtigen Glauben zu diskutieren", erzählt Elke Schulz. Er beauftragte den Mönch, den katholischen Glauben in der Diskussion zu vertreten und den Probst als Protestanten herauszufordern. Denn Hans selbst war Katholik. Der Mönch hatte die Vorteile des Katholizismus zu vertreten, der Probst mit denen des Protestantismus dagegenzuhalten. So sollte am Ende herauskommen, welcher Glaube mehr Argumente aufweisen konnte. Die Museumsexpertin fährt fort: „Der Mönch packte seine Siebensachen und machte sich auf den Weg zum Probst. Ein wahres Streitgespräch entbrannte. Nicht einen Tag diskutierten Mönch und Probst, nicht zwei, sondern ganze drei Tage argumentierten sie, wägten ab. Am dritten Tag fiel dem Mönch nichts mehr ein, womit er für den katholischen Glauben hätte sprechen können. Er musste dem Probst eingestehen, dass dieser den protestantischen Glauben besser hatte verteidigen können als er den katholischen."

„Der Erzählung nach fand der Geist des Mönchs nie Frieden."

Auf dem Weg zurück zu seinem Dienstherrn schämte er sich, hatte ihm von Bartensleben doch aufgetragen, für seinen und damit für den katholischen Glauben zu sprechen. „Und nun musste der Mönch ihm mitteilen, dass der Probst mit seinem protestantischen Glauben schlagfertiger gewesen war als er", erklärt Elke Schulz das Dilemma des Glaubensmannes. Je näher der Mönch dem Schloss kam, desto mehr grämte er sich. Als er am Schloss angekommen und durch den steinernen Torbogen gegangen war, wurde seine Angst immer größer. Seine Verzweiflung trieb ihn dazu, sich unbemerkt weiter in den Schlosshof zu schleichen und vom Fenster aus einen Strick an den oberen Torbogen zu binden. Er legte sich das Seil um den Hals und sprang. Das Gesinde fand den armen Mönch erst, als er schon tot war. Ein grausiger Anblick muss es gewesen sein, als er in seiner schwarzen Kutte leblos im Torbogen baumelte. So jedenfalls heißt es in der Sage.

„Der Erzählung nach fand der Geist des Mönchs nie Frieden", erzählt Elke Schulz, während sie unter dem Torbogen steht und nach oben zu dem Fenster blickt, aus dem der Mann mit dem Seil um den Hals gesprungen sein soll. „Man sagt, dass sein Geist noch heute durch die alten Gemäuer des Schlosses wandelt. Der Geist vom Mönch mit den haarigen Händen, wie er genannt wird." So mancher habe schon gemeint, vor dem Fenster einen Schatten zu sehen.

Als im 18. Jahrhundert, so erzählt man sich, ein Edelmann zu Besuch ins Schloss kam und beim Abendbrot vom Schicksal des Mönchs hörte, konnte er aus Angst vor einem ungebetenen nächtlichen Gast lange nicht einschlafen. „Jedes Knarzen ließ ihn senkrecht im Bett stehen", gibt die Museumsführerin die Anekdote wieder.

Unter diesem Torbogen soll der Mönch sein tragisches Ende gefunden haben.

„Wegen der Geräusche des alten, arbeitenden Holzes der Böden und Möbel bekam er kein Auge zu. Es war Vollmond, und das bleiche Licht schien unheimlich ins Zimmer. Außerdem war das Bett viel zu kurz für ihn, seine Füße ragten über die Bettkante in das kalte Zimmer. Vorsorglich stand er auf, nahm seine Pistole aus dem Halfter, lud sie und steckte sie unters Kopfkissen." Schließlich schlug die Turmuhr Mitternacht. Geisterstunde! Der Edelmann verkroch sich tiefer unter seine Bettdecke und sah sich ängstlich im Zimmer um. Was war das? Ein länglicher Schatten zeichnete sich an der Wand vor ihm ab. Panisch griff er unter sein Kopfkissen, bekam das kalte Eisen zu fassen und schoss wild um sich. „Doch der Schatten an der Wand blieb." Elke Schulz muss schmunzeln, während sie die Geschichte weitererzählt. „Der Edelmann spürte plötzlich einen höllischen Schmerz im Fuß." Denn er hatte sich in seiner Angst vor dem Geist des Mönchs selbst in den Fuß geschossen, dessen Schatten der Mond so geisterhaft an die Wand geworfen hatte.

Zu einem alten Schloss gehören solche Geschichten und Legenden dazu. Seit dem Jahr 1302 steht das Schloss Wolfsburg, das der

Stadt ihren Namen gegeben hat. Aus diesem Jahr stammt auch die erste in Latein verfasste Urkunde, in der die Wolfs-Burg, oder „Wluesborch", wie sie damals hieß, erwähnt und besiegelt wurde. „Cum memoria hominum sit labilis", steht darauf geschrieben: „Da die Erinnerung der Menschen unzuverlässig ist." Als Burgherren dieser Zeit wurden die Brüder Burchard, Günter, Günzel und Werner von Bartensleben schriftlich festgehalten. Nachdem es im 18. Jahrhundert keine männlichen Nachkommen der von Bartenslebens mehr gab, ging das Schloss Wolfsburg sowie das gesamte Vermögen mit der Hochzeit einer Tochter an das Adelsgeschlecht derer von der Schulenburg über. 1943 verkaufte Graf von der Schulenburg das Schloss an die Stadt Wolfsburg. Nur vier Jahre später erwarb Niedersachsen das renovierungsbedürftige Gebäude, 1961 dann kaufte Wolfsburg das Schloss zurück, um das historisch wichtige Bauwerk zu erhalten.

„Die Geister des Schlosses Wolfsburg sind gute Geister, der Mönch mit den haarigen Händen wie auch die weiße Frau."

„Die Menschen lieben solche Sagen, wie die um den Mönch", sagt Elke Schulz. Wenn ihre Gäste durch den Torbogen gehen, zögern manche sogar ein wenig. Bleiben wir also noch ein wenig im Reich der Sagen. Denn der Geist des Mönchs ist nicht der einzige, der hier sein Unwesen treiben soll. Die Seele einer Gräfin, Vorfahrin derer von der Schulenburg, soll bis heute keine Ruhe gefunden haben und nach wie vor durchs Schloss wandeln. „Sie war zu Lebzeiten eine sehr schöne, aber auch sehr eitle Dame", beschreibt die Museumsführerin. Den Großteil des Tages hatte die Gräfin ihrer Schönheit gewidmet: ihr langes Haar mit Ölen gepflegt, stundenlang gebürstet, die teuersten Pflegeprodukte aufgetragen. Sie trug nur Kleider aus besonders edlen Stoffen und führte bald eine große Schar Bediensteter, die sich nur um ihre Schönheit und ihr Wohlergehen bemühten. Die Gräfin wurde immer eitler, sogar arrogant. Da musste das Schicksal sie wohl bestrafen. „Durch eine dubiose Gesichtscreme, die ihr ewige Jugend garantieren sollte, verätzte sie ihre Haut. Seither trug sie einen weißen Schleier über dem Kopf, um ihr entstelltes Gesicht zu verbergen. Daher nannte man sie ,die weiße Frau'", so die Wolfsburgerin. Viel-

leicht um ihre damalige Ober-
flächlichkeit wiedergutzumachen,
soll sie nach ihrem Tod den
Hausbewohnern des Schlosses
oft in Notlagen erschienen sein
und ihnen die Richtung gewie-
sen haben.

Besucher, die an Gespenster
glauben, müssen sich im Schloss
Wolfsburg mitnichten fürchten,
versichert Elke Schulz und fügt
augenzwinkernd hinzu: „Die
Geister des Schlosses Wolfsburg
sind gute Geister, der Mönch mit
den haarigen Händen wie auch
die weiße Frau."

Märchenhaft und verwunschen: ein
Schlossfenster inmitten von buntem Laub.

Cathérine Fischer

So geht's zum Torbogen:

Er befindet sich hinter der Eingangstür zum Schloss. Dieses steht in der
Schloßstraße 8.

HOFFMANN VON FALLERSLEBEN

FAND IN DIESEM PFARRHAUS IN DER ZEIT
VOR DEM REVOLUTIONSJAHR 1848 UND DANACH
SCHUTZ AUF DER FLUCHT VOR DEN
STAATLICHEN VERFOLGERN BEI SEINEM FREUND
UND POLITISCHEN WEGGEFÄHRTEN

DAVID LOCHTE

PASTOR VON ST. MARIEN 1826 – 1862

20

Tafel

Unterschlupf für einen verfolgten Dichter

H offmann von Fallersleben (1798-1874) zählt zu den berühmtesten und beliebtesten Dichtern Deutschlands. In seinem Geburtsort Fallersleben bei Wolfsburg wurde ein Museum nach dem Dichter benannt. Auch in der Nähe der Wolfsburg sind seine Spuren nachzuverfolgen.

An der Fassade eines Fachwerkhauses in der Nähe des Schlosses ist eine Tafel zu entdecken. An dem Haus, das direkt neben der evangelisch-lutherischen St. Marienkirche steht, rechts neben der weißen Eingangstür, kann man sie finden. Diese Tafel erinnert an eine wichtige Station im Leben von Hoffmann von Fallersleben. Darauf ist zu lesen: *Hoffmann von Fallersleben fand in diesem Pfarrhaus in der Zeit vor dem Revolutionsjahr 1848 und danach Schutz auf der Flucht vor seinen staatlichen Verfolgern bei seinem Freund und politischen Weggefährten David Lochte, Pastor von St. Marien 1826-1862.*

Welche Hintergründe haben von Fallersleben dazu gezwungen, zu fliehen und einen Unterschlupf zu suchen? Und wer war David Lochte?

Wenige Jahre nach der Französischen Revolution geboren, erlebte der als Anton Heinrich Hoffmann zur Welt gekommene Dichter schon als Kind die Einführung der Bürgerrechte in Frankreich unter napoleonischer Besatzung: Religionsfreiheit, Gleichheit vor dem Gesetz und Zulassung öffentlicher Gerichtsverfahren. Diese liberalen Ideen prägten den jungen Hoffmann.

Hoffmann war als Dichter, Forscher und Professor erfolgreich. Doch 1841 war alles vorbei. Und er war auf einen Unterschlupf wie dieses Pfarrhaus angewiesen. Es war das Jahr, in dem seine „Unpolitischen Lieder" veröffentlicht wurden (siehe Geheimnis 06). Unpolitisch waren die Texte jedoch keineswegs. Hoffmann von Fallersleben kritisierte die gesellschaftlichen und politischen Zustände in Deutschland.

....

Das unscheinbare Schild am restaurierten Fachwerkhaus.

Die Gedichte aus den „Unpolitischen Liedern" machten ihn zwar berühmt, bescherten ihm jedoch auch viele politische Feinde. 1842, nur ein Jahr nach der Veröffentlichung, wurde Fallersleben pensionslos aus dem Lehramt entlassen. Ein weiteres Jahr später musste er die preußische Staatsbürgerschaft abgeben. All seine Gedichte wurden verboten. In Preußen, damals Großmacht, machte gar der ganze Verlag, der ihn publizierte, dicht. Für Fallersleben folgten Wanderjahre im Exil, immer auf der Flucht vor politisch Andersdenkenden, ohne feste Anstellung. Doch es fanden sich auch stets Gleichgesinnte, die ihm Zuflucht gewährten.

Das weiße Fachwerkhaus neben der St. Marienkirche.

Einer davon war nun David Lochte (1800-1877), an den auf der Tafel an dem Fachwerkhaus erinnert wird. Dieses gehörte einst zur St. Marienkirche, dessen Pastor David Lochte war. Lochte hatte sich mit dem nur drei Jahre älteren Dichter Hoffmann von Fallersleben verbunden gefühlt. Schon in ihrer Jugend hatten die beiden sich kennengelernt; sie waren Schüler des Katharineums in Braunschweig. Genau wie Hoffmann von Fallersleben hatte Lochte eine fortschrittliche, liberale Gesinnung.

1848, sieben Jahre nach Erscheinen seiner „Unpolitischen Lieder", hatte Hoffmann von Fallersleben wieder einmal politische Feinde im Nacken sitzen. In der Nacht suchte er seinen Freund, David Lochte, im Pfarramt auf. Die Kirche stand auf preußischem Gebiet, hier durfte sich der Dichter ohne die preußische Staatsbürgerschaft nicht aufhalten. Hinter der Kirche, über die Wiesen hinweg, begann jedoch schon das Herzogtum Braunschweig-Wolfsbüttel. Dort konnte der Dichter sich in Sicherheit wähnen. David Lochte versteckte seinen Freund also nicht nur des Öfteren in seinem Pfarrhaus. Sobald die Luft rein war, half er ihm auch, über die nahe Grenze nach Braunschweig zu fliehen.

Wie sein Freund verlor auch David Lochte Stellung und Einkommen aufgrund seiner politischen Einstellung. 1862 kam es zum Besitzerwechsel auf Schloss Wolfsburg. Der junge Graf von der Schulenburg teilte die aufgeklärte Einstellung seines verstorbenen Vaters nicht. Pastor Lochte eckte wegen seiner bekanntgewordenen Freundschaft zu Hoffmann von Fallersleben bei den neuen Besitzern an. Schließlich verließ Lochte seinen Sitz nahe der Wolfsburg.

Im Alter von 50 Jahren wurde Hoffmann von Fallersleben rehabilitiert. Er kehrte ins Rheinland zurück, heiratete und gründete eine Familie. Seine Frau komponierte die Melodien für seine Gedichte. Er selbst war zwar musikalisch, konnte jedoch kein Instrument spielen.

Das kleine, unscheinbare Schild am ehemaligen Pfarrhaus, das heute ein Restaurant ist, erinnert an die Freundschaft von Hoffmann von Fallersleben und David Lochte. Man kann sich vorstellen, wie die beiden Freunde sich in dem Haus versteckt hielten; wie sie vielleicht bei Kerzenschein über ihre politischen Ziele diskutiert haben.

Cathérine Fischer

....

So geht's zur Tafel:

An dem Fachwerkhaus, direkt neben der St. Marienkirche am Schloss Wolfsburg, an der Schloßstraße 21, befindet sich die Bronzetafel.

Steffen Brandes lehnt an der großen Brücke, die über den kleinen Hasselbach führt.

21

Brücke

Bauprojekt ohne Abschluss

An der Stelle, an der der Walter-Flex-Weg in einen Waldweg mündet, befindet sich eine ziemlich große Brücke. 40 Meter ist sie breit und das, obwohl sie lediglich über den hier kleinen, schmalen Wasserstreifen des Hasselbachs führt. Nur wer weiß, wofür diese Brücke ursprünglich gedacht war, kann die überdimensioniert scheinende Größe nachvollziehen.

Steffen Brandes hält sich oft im Jugendhaus Ost (siehe Geheimnis 08) auf, das sich gleich neben dem Waldeingang befindet. Vor Kurzem hat er diese Brücke entdeckt und sich gefragt, weshalb sie ausgerechnet an dieser Stelle steht. „Sie wirkt viel zu groß für den kleinen Hasselbach", findet er. Und tatsächlich: Ursprünglich war diese Brücke auch für etwas Größeres vorgesehen. Wolfsburgs Stadtentwickler Peter Koller (1907-1996) hatte eigentlich geplant, zwei breite Ringstraßen um die 1938 neu angelegte Stadt

„Sie wirkt viel zu groß für den kleinen Hasselbach."

führen zu lassen, einen Innen- und einen Außenring. „Für beide Straßen ließ die Stadt im selben Jahr Schneisen in den Wald schlagen und diese große Brücke bauen. Denn ursprünglich war sie dazu gedacht, über die Ringstraßen zu führen."

Der Außenring sollte, vom Berliner Ring abzweigend, vorbei am heutigen Muslimischen Kulturzentrum über die Hasselbachbrücke, weiter zum Rabenberg bis hin zur Breslauerstraße gehen. Doch der Plan, den Ring zu schließen, wurde nach dem Zweiten Weltkrieg verworfen. Nur der Innenring über die Stadtwaldstraße wurde nach Kriegsende fertiggestellt. Die Straße, die diesen Ring verbinden sollte, war nun nicht mehr vorgesehen.

So wird die Brücke im Wald am Walter-Flex-Weg wohl nie, wie einst geplant, über eine Ringstraße führen. Aber viele Wanderer, Jogger oder Spaziergänger auf dem Weg ins Hasselbachtal können sich an ihrem Anblick erfreuen.

Cathérine Fischer

....

So geht's zur Brücke:

Vom Walter-Flex-Weg öffnet sich ein Eingang in den Wald. Gerade einmal einige Hundert Meter links vom Waldeingang kann man die Brücke entdecken.

Schornstein

Alle Jahre wieder

„Er bietet einem besonderen Gast jedes Jahr Heimat", sagt Dr. Meinhardt Leopold und blickt zu dem Schornstein eines über 200 Jahre alten Fachwerkhauses in Vorsfelde. Das ursprünglich 1717 gebaute Haus war nach einem Feuer durch das heutige Gebäude ersetzt worden. „Der Schornstein ist genau wie das Haus 200 Jahre alt und wurde extra wegen seiner besonderen Zusatzfunktion als Zuhause aufwändig renoviert", erläutert der Ortsheimatpfleger für Vorsfelde. Vor einigen Jahren sollte das Gebilde aus roten Backsteinen auf dem Dach abgerissen werden, da die Bausubstanz marode war. Doch dann unterstützte die Stadt die Hausbesitzer bei den Renovierungskosten. Denn Vorsfelde möchte dem treuen Gast seine Heimat bewahren. Dieser ist ein alljährlich zur Brutzeit wiederkehrender Storch. Seine Heimat während dieser Zeit: eben jener jahrhundertealte rote Schornstein auf dem alten Fachwerkhaus in Vorsfelde.

„Dieser Schornstein ist der Ort, den sich Störche schon seit dem Jahr 1860 als Untergrund für ihr riesiges Nest ausgesucht haben", erzählt Meinhardt Leopold. Es ist das älteste immer wieder bewohnte Storchennest in und um Wolfsburg. Störche inspizieren zunächst mehrere bestehende leere Nester, bevor sie eines auswählen und beziehen. Der Schornstein in Vorsfelde scheint Störche seit geraumer Zeit immer wieder als Brutplatz zu überzeugen. Jedes Jahr im Februar oder März, manchmal in mehreren Jahren ganz pünktlich aufeinanderfolgend um den 8. März, landet der Storch auf dem alten Schornstein.

In der Umgebung Vorsfeldes gibt es durch die Naturschutzgebiete Drömling und die Allerwiesen reichlich Nahrung für den Storch und seine Familie, die er auf dem Hausdach gründet. Ende April schlüpfen dann meistens ein bis drei Jungtiere und wachsen in dem Nest auf dem wärmenden Schornstein auf. Nicht umsonst ist dieser Ort seit mehr als 50 Jahren so beliebt für die Kinderaufzucht. Der Schornstein hält die Jungen auch bei langanhaltenden winterlichen

Der Schornstein wurde von Familie Storch zur Heimat auserkoren – vor mehr als 150 Jahren!

87

Temperaturen warm, durch die Rillen zwischen Stein und Nest kann der Rauch abziehen.

„Wenn der Storch ankommt, richtet er sich erst einmal gemütlich auf dem Schornstein ein, repariert sein schon im letzten Jahr bewohntes Nest. Und hofft dann auf seine Partnerin", erzählt Meinhardt Leopold. Die Einwohner erwarten den Storch jedes Jahr sehnsüchtig und behalten den Schornstein im Auge um zu sehen, ob der Weißgefiederte sich schon darauf niedergelassen hat. Einige glauben sogar, wenn er pünktlich eintreffe, sei das ein gutes Omen.

Ein Schild weist auf die lange Storchentradition hin.

„Ich erinnere mich aber auch an Jahre", sagt der Heimatkenner, „in denen es in der Brutzeit so starken Regen gab, dass das Storchennest voller Wasser stand. Und da die Vorsfelder sehr an ihrem treu wiederkehrenden Gast hängen, stiegen einige auf das Dach zum Schornstein und bohrten Löcher in das Nest, damit das Wasser ablaufen konnte. Die die Storcheneltern aber leider immer sofort wieder verschlossen haben."

In den 25 Jahren zwischen 1991 und 2016 sind 74 Jungtiere in dem Nest auf dem roten Schornstein zur Welt gekommen. Wie viele es wohl in den kommenden Jahren sein werden?

Cathérine Fischer

So geht's zum Schornstein:

Im Wolfsburger Vorort Vorsfelde, Lange Straße 38, steht ein weißes Fachwerkhaus, auf dessen Dach ein hoher Schornstein thront.

Auf diesem Friedhof herrscht eine ruhige und doch bedrückende Stimmung.

Platten

Grab- und Gedenkstätte

Auf einer langgezogenen Straße in der Tiergartenbreite in Alt-Wolfsburg gehen kurze Wege ab, alle mit seltsamen, fremdartig klingenden Namen versehen. *Lydia-Stowbun-Weg* steht beispielsweise auf einem blauen Schild oder *Sofia-Gladica-Weg*. Darunter die Lebensdaten der genannten Personen. Geht man an den Schildern vorbei und bleibt am Ende des

Weges vor einem quadratisch eingezäunten Platz stehen, sind recht-
eckige Metallplatten zu sehen. Eine neben der anderen. Hunderte.
Auf den ersten Blick fallen sie nicht auf, so flach sind sie in den
Boden gesetzt. In der Mitte des Platzes steht, fast bedrohlich wir-
kend, ein obeliskartiges Steingebilde mit einer langen Inschrift.

An diesem besonderen Ort mit der friedlichen und doch bedrü-
ckenden Stimmung befinden sich fast 500 Gräber. Es sind Gräber
der Opfer des Nationalsozialismus. Hier sind die sterblichen Über-
reste von Männern, Frauen und Kindern aus der damaligen Sowjetunion und aus Polen bestattet, sowjetische Kriegsgefangene und KZ-
Häftlinge fanden hier ihre letzte Ruhe. Und an jedes einzelne Leben,
jedes Schicksal, erinnert jeweils eine Metallplatte. Sie zeigt Namen,
Geburts- und Sterbetag des Begrabenen sowie dessen Herkunft. Teilweise sind die Daten auf kyrillisch verfasst. Elf der Ruhestätten sind
Kindergräber.

Nach Ende des Zweiten Weltkrieges 1945 gab die sowjetische
Militäradministration eine Umgestaltung des bis dahin als Massen-
grab gehaltenen Friedhofs in Auftrag. Heute kann man auf der 1970
errichteten Gedenktafel in der Mitte des Platzes über die Opfer, die
zwischen 1941 und 1945 ums Leben kamen, unter anderem nachlesen:
*Sie wurden unter Anwendung von Propaganda und Gewalt aus ihren
Heimatländern geholt, gefangen genommen oder verhaftet und mussten
für die nationalsozialistische Kriegswirtschaft Zwangsarbeit leisten. Sie
starben an Hunger, Entkräftung, Krankheit, fielen Luftangriffen zum
Opfer oder wurden von Bewachern umgebracht.*

Dieser etwas abgelegene Ort soll die Erinnerung an diese Menschen und die Gräueltaten der Nationalsozialisten bewahren. Regelmäßig werden in offiziellen Gedenkfeiern Kränze niedergelegt und
Zeremonien gegen das Vergessen abgehalten. Als Erinnerung daran,
dass Wolfsburg im Jahr 1938 als Stadt des KdF-Wagens gegründet
wurde, nachdem das NS-Regime den Bau eines Volkswagen-Werks
in Auftrag gegeben hatte. Zu Beginn des Krieges wurde das Werk in
die Rüstungsproduktion mit eingeplant. Zum größten Teil arbeiteten dort in jener Zeit Kriegsgefangene, KZ-Häftlinge und Zwangsarbeiter. Als Wolfsburg in der Nachkriegszeit einen wirtschaftlichen
Aufschwung und einen Stadtaufbau erlebte, verdrängten viele die

Kriegsereignisse aus dem eigenen und öffentlichen Bewusstsein, wie vielerorts in Deutschland. Erst in den 1980er-Jahren begann eine intensive Auseinandersetzung mit dem Nationalsozialismus, und die Stadt fing an, Erinnerungsorte und Gedenkstätten zu errichten und zu pflegen.

Diese Gedenkstätte ist einer dieser Erinnerungsorte. Man kann über den Friedhof gehen und all die Namen und Daten studieren. Zum genauen Lesen beugen sich die Leute oft herunter. So nimmt man automatisch eine demütige Haltung ein und ist den Namen näher. Dadurch, dass sie nicht auf einer Wand oder Tafel aufgelistet stehen, sondern jedes Opfer seine eigene Platte hat, und durch die Geste des Hinunterbeugens, hat man als Besucher gleich einen anderen Bezug. Die Anzahl der Opfer wird einem deutlich bewusst, ebenso die Bedeutung der Einzelschicksale. Und geht man nach dem Besuch dieses Ortes an einem nach diesen Opfern benannten Weg vorbei, wird man noch ein Stückchen länger von den Menschen und ihren Schicksalen begleitet.

Die Gedenktafel für die Opfer der Jahre 1941-1945.

Cathérine Fischer

So geht's zu den Platten:

Sie befinden sich auf dem Lydia-Stowbun-Weg und der Werderstraße/ Ecke Schulenburgallee am Eingang des Waldlehrpfads.

24

Balken

Von Zoll zu Tanz zu Speis

D as weiße Fachwerkhaus mit dunkelbraunen, fast schwarzen Balken sticht zwischen den dunklen Häusern hervor. Die Balken halten ein über 300 Jahre altes Gemäuer zusammen, das im Laufe seiner Geschichte die verschiedensten Funktionen innehatte. Heute befindet sich dort, nahe am Wolfsburger Schloss, ein Gasthof mit dem Namen „Alter Wolf".

„Hinter diesen Balken nutzten die Wolfsburger die Räume in der Vergangenheit auf die unterschiedlichste Weise. Das alte Fachwerkhaus wurde einst als Zollstation verwendet, dann als Poststelle, dann als Tanzsaal, und nun dient es als Restaurant", zählt Fotograf Gustav Schlesinger auf. „Gegenüber dem Platz, wo heute das Wirtshaus steht, gab es im 17. Jahrhundert einen Schlagbaum, an dem Wegzoll entrichtet werden musste", berichtet der Wolfsburger und meint damit die Schranke, die Reisenden ohne Bezahlung den Zutritt verwehrte. Sie markierte die Grenze zwischen den Königreichen Hannover und Preußen sowie dem Herzogtum Braunschweig.

Für einen vollbeladenen Wagen mussten Händler vier Schillinge bezahlen. Wollte man die Grenze ohne Ware passieren, kostete das einen Schilling, kleine Karren nur einen halben Schilling. Wollten die Fuhrleute einen Bienenkorb über die Grenze bringen, hatten sie einen Pfennig (12 Pfennige sind ein Schilling) zu entrichten, für einen Korb voll Wolle zweieinhalb Pfennige. Scherenschleifer bezahlten drei Pfennige auf dem Weg zu ihren Kunden. Auf einer kleinen Holztafel an einem Schalterfenster am Schlagbaum gegenüber dem weißen Fachwerkhaus waren die Gebühren aufgelistet. Obwohl ein Soldknecht an der Station Wache hielt, waren Gewalttaten nicht selten, wenn sich ein Händler den Zoll sparen wollte. 1642, so ist es in der Stadtchronik niedergeschrieben, wurde ein Wachmann brutal zu Boden geschlagen. All diese Zahlungen – in manchen Fällen auch Zahlungsverweigerungen – haben sich bis ins 17. Jahrhundert am Schlagbaum abgespielt.

Gustav Schlesinger erzählt, wie die Räume hinter den jahrhundertealten Balken im Laufe der Zeit genutzt wurden.

„Die Zollstation wurde dann 1887 zu einer Poststelle umfunktioniert", erzählt Gustav Schlesinger weiter. Im gleichen Fachwerkhaus wurden nun nicht mehr die Zollabgaben geregelt, sondern der Briefverkehr der Stadt. „Und bevor das Haus Ende des 20. Jahrhunderts zu einem Restaurant wurde, hatte hier die Tanzschule Giebel ihren Sitz."

Ab dem Jahr 1945, als der Schlagbaum mit der Zollstation sowie die Poststelle längst zur Erinnerung geworden waren, versammelten sich vor allem die jungen Wolfsburger zum Tanz – in dem weißen Fachwerkhaus mit den schwarzen Balken, bis sich letztere buchstäblich bogen. „Das Gebäude und seine Substanz waren schon so alt, dass die Bretter beim Tanzen unter unseren Füßen verdächtig nachgaben. Zum Tanzkurs und zu den Veranstaltungen haben wir alle einen Scheit Holz mitgebracht, damit der Saal beheizt werden konnte. So viel und so beschwingt konnte man aber gar nicht tanzen, dass es einem in diesem alten Gemäuer im Winter ohne Heizung warm geworden wäre", erinnert sich Gustav Schlesinger mit einem Lächeln. Zur Ausstattung gehörten neben dem Stück Holz auch eigenes Geschirr. Jeder brachte also eine Tasse oder einen Becher für Kaffee oder gerne auch mal Punsch sowie einen Teller und Besteck mit, für das ebenfalls selbst mitgebrachte Stück Kuchen.

In den 1970er-Jahren wurde das Dach des Fachwerkhauses bei einem durch einen Kurzschluss ausgelösten Brand beschädigt, der Rest des Hauses blieb verschont. Nach alten Plänen und Fotografien wurde es renoviert – es gleicht heute seinem ursprünglichen Aussehen. So sind die dunklen Balken in den weißen Mauern die originalen jahrhundertealten, die einst eine Zollstation, eine Poststelle, einen Tanzsaal und schließlich ein Restaurant beherbergten.

Cathérine Fischer

So geht's zu den Balken:

Sie bilden das Fachwerk des Gasthofs „Alter Wolf" an der Schloßstraße 21.

Hinter dem Wappen über dem Torbogen steckt eine spannende Geschichte.

Familienwappen

Wolf und Kind

A m Eingangstor zur Wolfsburg prangt stolz das Wappen der Familie von Bartensleben, den Erbauern der Wolfsburg. „Klar weiß jeder Wolfsburger, wie dieses Familienwappen aussieht. Aber die Legende dahinter kennen viele nicht, und zwar Touristen wie Einheimische", hat Gästeführerin Elke Schulz festgestellt.

Auf dem leuchtend roten Hintergrund steht ein weißer Wolf auf den Hinterbeinen, als würde er gerade zum Sprung ansetzen. Unter ihm sind zwei dicke goldene Büschel Ähren zu erkennen. Ein Wolf, der über Getreide springt? Was hat dieses rätselhafte Bild mit Wolfsburg zu tun?

„Graf Friedrich Gebhard Werner von der Schulenburg ließ den Wappenstein im 18. Jahrhundert über dem Hauptportal der Burg anbringen“, erklärt Elke Schulz. Die Legende, die dahintersteckt, geht so: „Ein Kind aus der frühen Familie von Bartensleben, den ersten Besitzern der Wolfsburg, verließ die Anlage morgens über die ausgeklappte Zugbrücke, um auf die Felder zu gelangen. Dort wollte es den

„Klar weiß jeder Wolfsburger, wie dieses Familienwappen aussieht. Aber die Legende dahinter kennen viele nicht, und zwar Touristen wie Einheimische.“

Angestellten bei der Getreideernte zusehen“, holt die Gästeführerin aus. Die von Bartslebens hatten die Burganlage im 14. Jahrhundert auf einer leichten Erhöhung in der morastigen Allerniederung errichtet. Schon von Beginn an war die Wolfsburg eine Wasserburg, also eine, die von allen Seiten von Wasser umgeben war. Über eine über diesen Graben gelegte Brücke begab sich das Kind der Legende zufolge auf Erkundungstour.

„Den ganzen Tag über wurde es nicht müde zu beobachten, wie die Ähren geschnitten und zu dicken Bündeln, sogenannten Garben, zusammengeschnürt wurden“, erzählt Elke Schulz weiter. Als es anfing zu dämmern, hatten die Bauern ganze Arbeit geleistet. Das komplette Feld war abgeerntet, nur noch harte Stoppeln ragten aus dem Boden. Dafür türmten sich die Garben aufeinander. Die Mutter des Kindes sorgte sich und ging ebenfalls hinaus auf die Felder, um es nach Hause zu holen, bevor es dunkel und die Zugbrücke wieder eingeholt wurde. Da sah sie es auf dem Stoppelfeld stehen – und wollte schon nach ihm rufen. Plötzlich erblickte sie einen Wolf, wie er über das Feld trabte, in Richtung ihres Kindes. „Die Mutter rief dem Kind zu, es solle sich unter den Getreideballen zusammenkauern und verstecken“, fährt die Gästeführerin fort. „Das Kind folgte, doch der Wolf kam in der Zwischenzeit immer näher. Als er schließlich bei den Weizenballen ankam, dem Versteck des Kindes, ohne das Kind zu beachten, stockte der Mutter vor Angst der Atem. Doch der Wolf sprang, des Kindes völlig ungeachtet, über die Ähren. Erleichtert lief die Mutter auf das Feld, nahm ihr Kind auf den Arm und trug es sicher nach Hause. „Dankbar darüber, dass ihrem Kind nichts geschehen war, beauftragte sie die Gestaltung eines Wappens, das die eben überstandene Szene abbildete", beendet Elke Schulz die Legende.

Tatsächlich ist das Wappen aber schon älter als die Burg, von der aus das Kind auf die Felder spaziert sein soll. Es lässt sich bereits 1188 nachweisen. Die Herren von Wolfenbüttel und die Grafen von Peine führten ähnliche Wappen, ebenso wie die Herren von der Asseburg, von Bärwinkel, von Apenburg und von Winterfeld. Die von Bartensleben aber benannten die Wolfsburg nach ihrem Wappen – oder besser: Nach dem Tier, das darauf zu finden ist. Und nach der Burg wiederum benannte sich die Stadt Wolfsburg. Wenn die Legende also auch nicht stimmt (wie das Legenden ja so an sich haben): Für die Stadt Wolfsburg ist das Wappen derer von Bartensleben ungemein bedeutend. Denn hätten die keinen Wolf im Wappen, hieße Wolfsburg nicht Wolfsburg.

Cathérine Fischer

....

So geht's zum Familienwappen:

Es befindet sich direkt am Eingang zur Wolfsburg, in der Mitte des Torrahmens, durch den man in den Innenhof des Schlosses gelangt. Das Schloss steht in der Schloßstraße 8.

Siegfried Kayser weiß, was sich hinter dieser Tür verbirgt.

26

Hochbehälter
Wasser auf dem Weg in die Stadt

Wenn Siegfried Kayser auf dem Klieversberg unterwegs ist, begegnet er immer wieder Leuten, die sich über die vergitterte Tür wundern, die sich dort befindet und die augenscheinlich in eine Art künstlich aufgeschütteten Hügel hineinführt. „Oft denken sie, dass es sich dabei um einen Bunker handelt", hat er festgestellt. Zumal sich ja ganz in der Nähe tatsächlich ein Einmannbunker befindet (siehe Geheimnis 32).

Doch Siegfried Kayser weiß, dass die massive Stahltür mitnichten in einen Bunker führt– sondern zu einem Hochbehälter. Der ist allerdings schon längst nicht mehr in Gebrauch. Und das war er auch nie wirklich lange: „Gebaut wurde er ab 1938 zur Wasserversorgung des VW-Werks und der Stadt, aber er war schon 1942 nicht mehr in Betrieb", schildert Kayser. „Der Ort für den Bau wurde sehr bewusst ausgewählt, denn es handelte sich um den höchsten Punkt in unmittelbarer Nähe der Stadt."

„Oft denken sie, dass es sich dabei um einen Bunker handelt."

Der Hochbehälter befindet sich neben dem Gebiet eines ehemaligen Steinbruchs, dem heutigen Tiergehege, erzählt Kayser. „Hier wurden verschiedene Gesteinsarten gewonnen." Die Steine, die man aus den Steinbrüchen holte, spielten für etliche wichtige Bauwerke in Wolfsburg eine große Rolle, möglicherweise wurden sie in Schloss Wolfsburg und den Kirchen St. Annen und St. Marien verbaut. Als keine Steine mehr nach unten transportiert wurden, floss nun also von hier aus Wasser hinab in die Stadt. Doch schnell reichte die Menge nicht mehr aus, andere Wasserversorgungen wurden gebaut, der Hochbehälter hatte, ebenso wie der Steinbruch, ausgedient.

Heute findet die Bewegung eher umgekehrt statt: Weniger von oben nach unten wie zu Zeiten, als noch Wasser vom Klieversberg floss, als von unten nach oben: Dann nämlich, wenn Erholungssuchende auf den Klieversberg steigen, um den schönen Blick auf die Stadt zu genießen.

Eva-Maria Bast

So geht's zum Hochbehälter:

Er befindet sich zwischen Mahnmal und Tiergehege auf dem Klieversberg, der sich um das Krankenhaus erstreckt.

27

Mini-Hügel

Gras drüber gewachsen

D r. Meinhardt Leopold steht ein paar Schritte vor der St.-Petrus-Kirche im Wolfsburger Vorort Vorsfelde. Etwa fünf Meter links vom Haupteingang wölbt sich ein winziger Hügel auf. Weil er bewachsen ist, sieht er aus wie ein etwas verlorener Busch, so mitten auf der gepflegten Wiese, die um die Kirche herum angelegt ist. Von Nahem ist wild wuchernder Efeu zu erkennen, der sich um die kleine Erhöhung rankt. Seine Blätter und dünnen Ästchen verschlingen und ver-stecken das Darunter. Es ist, als ob der dichte Pflanzenwuchs eine dunkle Zeit in der Vorsfelder Vergangenheit verges-sen machen wollte.

Meinhardt Leopold erzählt: „Unter dem Efeu befindet sich ein Gedenkhü-gel. Ich habe schon einige Leute gefragt, ob er ihnen vor der Kirche schon ein-mal aufgefallen sei, aber fast niemand wusste, was sich darunter verbirgt oder hat den Hügel auch nur bewusst wahr-genommen."

Und an wen soll der bewachsene Hügel erinnern? Die Tafel am Hügel führt in die Irre, denn sie erweckt den Anschein, dass der Hügel für die Gefal-lenen des Krieges 1870/71 gegen Frank-

Überwuchert, unbeachtet und dicht bewachsen: Der Gedenkstein für die Choleraopfer von 1866 in Vorsfelde.

reich errichtet wurde. Tatsächlich aber wird hier an 25 Menschen erinnert, die im Jahr 1866 in Vorsfelde starben. „Zu jener Zeit ließen die hygienischen Zustände in der Stadt noch sehr zu wünschen übrig", sagt Meinhardt Leopold. „Sie sind an der Cholera gestorben."

Noch in der Mitte des 19. Jahrhunderts gab es keine funktionie-rende oder intakte Kanalisation. Die Leute benutzten Plumpsklos, die

---

Dr. Meinhardt Leopold erklärt, was sich unter dem geheimnisvollen bewachsenen Hügel vor der Vorsfelder Kirche befindet.

den Unrat direkt in die Erde transportierten. So wurde das Grundwasser verschmutzt, und die Bakterien kamen in die Brunnen. Die Menschen tranken verunreinigtes Trinkwasser und erkrankten an der Cholera.

Meinhardt Leopold hat ein Buch mitgebracht, in dem eine Zeichnung verdeutlicht, wie sich die tödliche Krankheit im 19. Jahrhundert ausbreitete. Darauf ist zu erkennen, wie die Bakterien aus den Toiletten ins Trinkwasser sickerten und somit in den alltäglichen Kreislauf gelangten: Mit dem kontaminiertem Wasser wurde gekocht, gebadet, die Wäsche gewaschen, die Menschen gossen damit ihre Beete und löschten den eigenen Durst.

Die Einwohnerzahl von Vorsfelde lag im Jahr 1866 bei circa 1500. „Mit 25 Toten hat die Epidemie in Vorsfelde vergleichsweise wenige Opfer gefordert", so Meinhardt Leopold. „Doch auch sie sollen nicht vergessen sein. Begraben sind die Opfer nicht unter dem Hügel: Aus Angst vor Ansteckung wurden die Choleraopfer in Massengräbern außerhalb der Stadt beerdigt."

„Also könnten alle Vorsfelder oder Besucher der Stadt das nächste Mal, wenn sie sich in der Nähe der Kirche befinden, Ausschau nach dem begewachsenen Hügel halten. Und froh sein, dass unsere heutigen hygienischen Zustände anders sind als vor 150 Jahren."

Leopold bilanziert: „Also könnten alle Vorsfelder oder Besucher der Stadt das nächste Mal, wenn sie sich in der Nähe der Kirche befinden, Ausschau nach dem bewachsenen Hügel halten. Und froh sein, dass unsere heutigen hygienischen Zustände anders sind als vor 150 Jahren."

Cathérine Fischer

So geht's zum Mini-Hügel:

Im Zentrum von Vorsfelde, neben der St.-Petrus-Kirche, liegt der winzige Hügel.

ER HAT SEINEN ENGELN BEFOHLEN ÜBER DIR, DASS SIE DICH BEHÜTEN AUF ALLEN DEINEN WEGEN, DASS SIE DICH AUF DEN HÄNDEN TRAGEN UND DU DEINEN FUSS NICHT AN EINEN STEIN STOSSEST.
25. MAI 1935   PSALM 91·11

Erinnert an ein tragisches Ereignis: die Tafel
an Schloss Wolfsburg.

28

Gedenktafel
Der Sturz des kleinen Werner

S ie haben so schön gespielt! Der etwa viereinhalb Jahre alte
Werner Graf von der Schulenburg und seine Schwester Ina
saßen auf dem Fenstersims im zweiten Stock von Schloss
Wolfsburg, dem Wohnsitz der Familie, und alberten herum.
Und da passierte es: Das innere Fenster war ohnehin schon offen,
das äußere wohl nicht richtig geschlossen, jedenfalls fiel der kleine

103

Dr. Günzel Graf von der Schulenburg unter der Tafel, die an den – zum Glück – glimpflich ausgegangenen Sturz seines Bruders erinnert.

Graf in die Tiefe. „Zum Glück haben Forstarbeiter am Abend zuvor zwei Stunden länger gearbeitet und das geschlagene Holz vor dem Fenster entfernt, sonst hätte es Werner nicht überlebt, wenn er auf das Holz gefallen wäre", erzählt sein jüngerer Bruder Dr. Günzel Graf von der Schulenburg, heute ein betagter Herr, der von sich sagt, der älteste noch lebende Wolfsburger zu sein und der zum Zeitpunkt des Unglücks fünf Jahre alt war. Wenn das Holz zuvor nicht dort gelegen hätte, wäre der Sturz lebensgefährlich für den kleinen Werner gewesen: „Auf dem Kopfsteinpflaster lagen noch etwa zehn bis 15 Zentimeter Sägespäne, sodass mein Bruder etwas weicher fiel." Der erleichterte Vater Günther Werner Busso Graf von der Schulenburg ließ aus Dankbarkeit über den glimpflich ausgegangenen Unfall eine Steintafel unterhalb des Unglücksfensters anbringen, die heute noch zu sehen ist. Darauf steht: *Er hat seinen Engeln befohlen über dir, dass sie dich behüten auf allen deinen Wegen, dass sie dich auf den Händen tragen und du deinen Fuss nicht an einen Stein stossest. 25. Mai 1935, Psalm 91-11.*

Als Werner von der Schulenburg 26 Jahre später, 1961, mit seinem Auto vom Rheinland nach Hannover unterwegs war, hatte er nicht so viel Glück. Der Schutzengel, der ihn in Kindertagen vor dem Tod bewahrt hatte, war bei dieser Autofahrt nicht dabei: Ein Fahrer hatte seinen LKW auf der linken Spur der Autobahn unbeleuchtet geparkt, Werner von der Schulenburg und seine beiden Beifahrer prallten mit voller Wucht gegen das Fahrzeug. Alle drei Insssassen verunglückten tödlich. „Da war es auf den Tag genau zehn Jahre her, nachdem unsere Mutter, Ursula Freiin von Dincklage, aus dem Koma plötzlich erwachte und zu Werner sagte: ‚Wernerchen, wir werden uns bald wiedersehen‘“, schildert Günzel Graf von der Schulenburg. Auch die Mutter verunglückte bei einem Autounfall und verstarb, nachdem sie diese Worte zu ihrem Wernerchen gesagt hatte.

„Zum Glück haben Forstarbeiter am Abend zuvor zwei Stunden länger gearbeitet und das geschlagene Holz vor dem Fenster entfernt, sonst hätte es Werner nicht überlebt, wenn er auf das Holz gefallen wäre.“

Insofern erinnert die Tafel gewissermaßen gleich an drei Unglücksfälle, die die Grafenfamilie heimsuchten. An einen, der gut ausging. Und an zwei, die tragischer nicht hätten enden können.

Eva-Maria Bast

....

So geht's zur Gedenktafel:

Am Schlosseingang rechts abbiegen, dann kann man die Tafel in drei Metern Höhe am Gemäuer entdecken. Das Schloss selbst steht in der Schlossstraße 8.

AN DIESER STRASSE
WURDE VON DEN
NATIONALSOZIALISTEN
EINE AUSSENSTELLE
DES KONZENTRATIONS-
LAGERS NEUENGAMME
GEBAUT · IN DER
700 DEPORTIERTE
VERSCHIEDENER
NATIONEN LITTEN ·
DIE ÜBERLEBENDEN
WURDEN AM 2 · MAI
1945 BEFREIT ·

VERGESST NIEMALS

Mahnmal

Gegen das Vergessen

ie viele Autos wohl täglich an dem großen, beschrifteten Stein an der Breslauer Straße vorbeifahren? Ohne zu bemerken, welche geschichtsträchtigen Ort sie gerade achtlos hinter sich lassen? Die Inschrift, in weißen Großbuchstaben in den Stein gemeißelt, lautet:

An dieser Strasse wurde von den Nationalsozialisten eine Aussenstelle des Konzentrationslagers Neuengamme gebaut, in der 700 Deportierte verschiedener Nationen litten. Die Überlebenden wurden am 2. Mai 1945 befreit. Vergesst niemals.

Vergesst niemals: Unter dieser Aufforderung stehen viele Denkmale in Wolfsburg. Eines davon ist dieser Stein an der Breslauer Straße, die Inschrift hat ein französischer Häftling verfasst.

Der Künstler Paul Kaminski hat diesen Gedenkstein vor nicht allzu langer Zeit entdeckt. Er wollte mehr darüber erfahren. „In Wolfsburg gibt es viele Stätten und Orte, an denen gegen das Vergessen angekämpft wird", sagt Paul Kaminski. „Diesen hier kennen die wenigsten."

Neben dem Konzentrationslager Neuengamme in Hamburg betrieben die Nationalsozialisten in den 1930er- und 1940er-Jahren über 85 Außenlager dieses Konzentrationslagers, die ab dem Jahr 1942 in der Nähe von norddeutschen Rüstungsfirmen errichtet wurden. Eines dieser Außenlager stand in Laagberg, fünf Kilometer von Wolfsburg entfernt. Die Häftlinge aus Neuengamme wurden auf diese Außenlager „verteilt". „Genau an dieser Stelle, wo heute der Stein steht, wo heute einfach alle vorbeirasen, kamen diese hoffnungslosen Menschen an", hat Paul Kaminski herausgefunden. Am 31. Mai 1944 trafen 800 männliche Häftlinge aus dem Hauptlager ein. 100 kamen aus Spanien, 150 aus den Niederlanden, 150 aus der Sowjetunion. Besonders viele Franzosen waren darunter: 350 Männer. 18 deutsche Gefangene mussten Aufgaben in der Häftlingsverwaltung übernehmen. Im Jahr

---

Paul Kaminski hat die Geschichte des Steins recherchiert.

darauf rückten weitere nach. Denn viele Häftlinge waren bereits an den Folgen der Zwangsarbeit gestorben, andere wegen Erschöpfung in das Hauptlager in Neuengamme zurückgeschickt worden.

„In Wolfsburg gibt es viele Stätten und Orte, an denen gegen das Vergessen angekämpft wird. Diesen hier kennen die wenigsten."

Ein Überlebender dieser nach Laagberg deportierten Franzosen ist Maurice Gleize. Er setzte sich für die Errichtung des Denkmals ein, das am 4. Mai 1987 eingeweiht wurde – in Anwesenheit von weiteren ehemaligen Häftlingen.

Eine besondere Form der Erinnerungsarbeit hat auch der Künstler Andreas von Weizsäcker (1956-2008) geschaffen. In Buchenstämme in Wolfsburg hatten Zwangsarbeiter kurz nach dem Ende des Zweiten Weltkriegs Zeichen und Worte geritzt. Vielleicht haben sich auch Menschen aus dem Lager in Laagberg darin verewigt. 1968 dokumentierte der Fotograf Klaus Gottschick diese Botschaften. Die Buchen stehen heute nicht mehr. Verloren sind die Verewigungen aber trotzdem nicht, denn Weizsäcker fertigte Abdrücke der Buchenstämme und übertrug sie auf Papier. Diese Worte der ehemaligen Zwangsarbeiter können auf Ausstellungen auf der ganzen Welt gelesen werden.

Paul Kaminski: „Dieser einsame Stein am Straßenrand ist also einer von vielen Erinnerungspunkten in Wolfsburg, aber bestimmt einer der am wenigsten beachteten."

Cathérine Fischer

....

So geht's zum Mahnmal:

In der Breslauer Straße, nahe der Bushaltestelle Hagebuttenweg, steht der Gedenkstein.

Neben und unter den heutigen Fenstern sind alte Fensterbögen zu entdecken.

Mauerreste

Steinerne Zeugen der Vergangenheit

Sieht man bei der größten Kirche Wolfsburgs mit mittelalterlicher Bausubstanz, der St.-Petrus-Kirche, genau hin, kann man etwas entdecken, das auf den ersten Blick verborgen bleibt. Neben und über den heutigen Fenstern beim Haupteingang sind Reste von Mauerarbeiten zu erkennen, die auf das frühere Aussehen der Kirche hinweisen. „An den Überbleibseln der ehemaligen Anbauten kann man das Gesicht der Kirche im Wandel der Zeit nachvollziehen", sagt Dr. Meinhardt Leopold, Vorsitzender des Heimatvereins Vorsfelde.

Wovon zeugen diese Reste, was befand sich einst an diesen Stellen? Der Stadtteil Vorsfelde wird am 11. Januar 1145 zum ersten Mal urkundlich erwähnt, unter dem Namen „varesfelt". Zu dieser Zeit ist die Stadt bereits planmäßig angelegt. Sie besteht aus zwei Längsstraßen, der Amtsstraße und der Langen Straße. In der Mitte der Straßen befindet sich die St.-Petrus-Kirche mit ihrem Kirchhof, der heute als Grünanlage dient. Die Anfänge des Baus reichen in die Zeit vor dem 13. Jahrhundert zurück.

„Mehrere Bauphasen hat die St.-Petrus-Kirche durchlebt", beschreibt Meinhardt Leopold. Voraussichtlich als einschiffige Saalkirche auf eine Vorgängerkirche aus Holz folgend, wurde sie in Höhe und Länge vergrößert. Dabei entstanden auch die Kuppeln im Längs- und Querschiff. Später wurde die Gruft angebaut, und zuletzt erhielt die Sakristei im 20. Jahrhundert ihre heutige Form. Die Kirchenbesucher schauten während des Gottesdienstes nach Osten auf den Altar. Die klassische Ausrichtung des Turms im Westen und Altars im Osten ergab sich aus der Blickrichtung nach Jerusalem, dem überlieferten Kreuzigungsort Jesu. Die Eckkanten des ehemaligen Turms sind heute noch nachzuvollziehen.

Der Vorsitzende des Heimatvereins, Dr. Meinhardt Leopold, blickt zu den Relikten aus der Vergangenheit der Kirche empor.

„Diese Mauerreste sind mir bei genaueren Betrachtungen von all den versteckten, noch sichtbaren Veränderungen an den Kirchenwänden zuerst aufgefallen", sagt der Vorsitzende des Heimatvereins und zeigt auf die Relikte neben und unter den Fenstern. „An der Wand des Langhauses sind Überbleibsel von drei mittlerweile zugemauerten Fensteröffnungen zu erkennen." Auch die Nordwand war mit dieser Art von Fenstern ausgestattet, hier ist jedoch nur eine der einst hochsitzenden, verzierten Fensteröffnungen zu erahnen.

Auch zugemauerte Luken eines früheren Glockenhauses zeichnen sich noch an der Kirchenmauer ab. Im heutigen Turm klingen drei Glocken. Auf der größten, fast zwei Meter hohen, steht *Glaube* reliefartig erhaben, mit dem zusätzlichen Hinweis *Der große Krieg verschlang, die vor mir hier hang.* Auf der mittleren ist das Wort *Liebe* eingraviert, mit den Worten *Den im Weltkriege 1914-1918 Gefallenen zum Gedächtnis,* und auf der kleinsten ist *Hoffnung* geschrieben. Außerdem sind auf den Glocken Bibelsprüche zu lesen.

Benannt ist die Kirche Vorsfeldes nach dem christlichen Apostel Petrus. „Heute hat Petrus es gut mit uns gemeint", heißt es im Volksmund, wenn wir schönes Wetter genießen können. Doch was hat Petrus mit unserem Wetter zu tun? Das kam so: Als das Heidentum vom christlichen Glauben verdrängt wurde, übertrugen die Menschen die Eigenschaften eines heidnischen Gottes auf einen christlichen Apostel. Der heidnische Gott Donar, nach dem unser heutiger Donnerstag benannt ist, war beispielsweise der Fruchtbarkeits- und Wettergott. Dem ersten christlichen Apostel Petrus wurden diese Bereiche dann einfach übertragen. Daher die Verbindung von Petrus und dem Wetter im Volksmund.

Möge es Petrus also gut meinen mit Vorsfelde, damit die nach ihm benannte St.-Petrus-Kirche ihr heutiges Aussehen noch lange behalten kann.

Cathérine Fischer

....
So geht's zu den Mauerresten:

Im Zentrum von Vorsfelde, in der Amtsstraße 31, steht die St.-Petrus-Kirche. Rechts neben der Eingangstür lassen sich Reste von zugemauerten Fenstern und dem ehemaligen Glockenhaus entdecken.

Steinkonsolen

Wo die Burgherren wandelten

Im Innenhof der Wolfsburg sind eigenartig geformte Steinreste in regelmäßigen Abständen und auf mehreren Ebenen übereinander zu entdecken. Museumsführerin Elke Schulz weiß bestens über die Vergangenheit der Burg Bescheid und auch darüber, was die Steinkonsolen über das ehemalige Aussehen der Anlage erzählen. Erwähnt wird die Wolfsburg das erste Mal in einer auf den 17. Juni 1302 datierten Urkunde. Das Schriftstück besteht aus reißfestem Pergament, weshalb es auch nach 700 Jahren noch erhalten ist. Als Besitzer der Wolfsburg sind dort die vier Brüder von Bartensleben eingetragen. „Anfang des 13. Jahrhunderts begannen diese vier mit dem Neubau der Burganlage. Günzel von Bartensleben, der Zweitälteste, gilt als Bauherr. Er ist es, der ‚de Wuluesborch erst hulp buwen‘, so heißt es in alten Schriften", erzählt Elke Schulz. Günzel war also derjenige, der den Bau initiiert hat.

Nur wer genau hinsieht, erkennt die Reste der Steinkonsolen an der Museumsmauer.

Von einem Anbau ist Elke Schulz besonders fasziniert, obwohl und vielleicht auch gerade, weil er heute nur noch durch Reste an der Burgmauer rekonstruiert werden kann. „Hier an der Südseite gibt es Steinreste, sogenannte Steinkonsolen, die auf das ehemalige Aussehen der Burg verweisen." Elke Schulz zeigt auf die Relikte, die sich waagrecht an der Mauer aneinanderreihen und ziemlich brüchig aussehen. Ihre Beschreibungen lassen einen die Burg mit ganz anderen Augen betrachten, wenn man weiß, wozu diese Konsolen einmal gut waren.

Museumpädagogin Elke Schulz zeigt die unscheinbaren Steinreste.

Die Familie von Bartensleben war durch Getreidehandel sehr reich geworden, was den Umbau von einer mittelalterlichen Burganlage zu einem Renaissanceschloss mit repräsentativer Bedeutung überhaupt erst möglich machte. „Hier ließen die von Bartenslebens sogenannte Laubengänge, auch Loggien genannt, anbringen. Die Burg erhielt damit ein völlig neues Gesicht. Diese Loggia-Anage aus Stein war architektonisch sehr anspruchsvoll und zu der Zeit modern", sagt Elke Schulz und zeigt an der Schlossmauer entlang nach oben.

„Die Burg erhielt damit ein völlig neues Gesicht."

Durch die Anordnung der Steine lässt sich heute noch rekonstruieren, dass der mittelalterliche Laubengang eine Art offene Galerie war, die sich über ganze fünf Stockwerke zog. Mit dieser Größe ist der Laubenbau am Wolfsburger Schloss einzigartig. Eine historische Fotografie von 1915 belegt, dass diese Loggia tatsächlich gebaut wurde und es nicht etwa beim Anbringen der stützenden Konsolen geblieben ist: In einem großen Wandspiegel, der auf dem Foto zu sehen ist, spiegelt sich die Loggia deutlich.

„Beim Sichten alter Schloss-Akten wurde ein interessanter Fund gemacht", erzählt die Museumspädagogin und Gästeführerin weiter. „Eine Originalzeichnung aus dem 16. Jahrhundert mit einem Laubengang darauf." Auf den ersten Blick könnte man denken, es handle sich dabei um eine Zeichnung des Schlosses Wolfsburg. Bei näherer Betrachtung stimmen die Architekturstile aber nicht überein. Doch diese Zeichnung kann als Grundlage für die Rekonstruktion der Wolfsburger Laubengänge gelten, da sie wohl als Vorbild für den Bau verwendet worden war.

„Bei genauerer Analyse der Konsolen ist zu erkennen, dass sich die Form der Steine aus der untersten Reihe von der aus den oberen unterscheidet", ist Elke Schulz aufgefallen. „Die Steinkonsolen wurden so geformt, dass darauf Holzbalken gelegt werden konnten, auf die die Arbeiter wiederum die unterste Ebene des Laubenganges einlegten, ohne dass die Steine herausfallen konnten."

Durch die Steinreste lassen sich auch Rückschlüsse auf das Bodenniveau des Innenhofes schließen: Der Boden muss früher tiefer gelegen haben. Neben den Fenstern sind an der oberen Etage der Mauer Wanddurchbrüche zu sehen, die mittlerweile wieder zugemauert sind.

Zu den Laubengängen am Wolfsburger Schloss gehörte noch etwas ganz Besonderes, was an keinem Schlossbau in der Umgebung gefunden werden kann: Versteckt in der Dachebene der Laubengänge waren Wehrgänge angelegt. Von der Wächterstube im Hausmannsturm aus, dem höchsten Turm des Schlosses, überwachte der Türmer die Burg. Bei Gefahr konnten er und Verteidiger von dort aus über die Laubengänge laufen, hin zum nächsten Turm, und die Bedrohung melden. Da sich die Loggien im Innenhof befanden, konnte das von außen unentdeckt geschehen. Die Loggien dienten also auch als Verbindung zwischen zwei Türmen.

„Man weiß nicht, seit wann das Schloss Wolfsburg seine wunderbaren Steinloggien nicht mehr hat, auch nicht, warum diese architektonische Meisterleitung überhaupt entfernt wurde", sagt Elke Schulz bedauernd. „Ich könnte mir vorstellen, dass diese Art von Anbau mit der Zeit unmodern oder vielleicht auch baufällig geworden ist. In jedem Fall erinnern heute nur noch diese ordentlich arrangierten Steinkonsolen an die Existenz der Loggien."

Cathérine Fischer

....

So geht's zu den Steinkonsolen:

Im Hof des Schlosses Wolfsburg, auf der Innenwand der Südseite, erkennt man die ehemaligen Stützen einer Steinloggia.

32

Einmannbunker

Zwischen Abenteuer und Angst

E r sieht aus wie ein riesiger Pilz, der Bunker hoch oben auf dem Klieversberg. Oder besser: das, was von ihm zu sehen ist. Denn der größte Teil ist in der Erde versunken. Im Lauf der Zeit eingesackt oder von vornherein mit Erdreich umgeben, wie das für Bunker nicht unüblich war.

„Das ist ein ganz besonderer Bunker: für ein bis zwei Personen. Solche Einmannbunker gab es viele im Zweiten Weltkrieg", sagt

Reinhold Kulbe, der, ebenso wie seine Frau Elisabeth, fast sein ganzes Leben in Wolfsburg verbracht hat und sich mit der Geschichte der Stadt bestens auskennt. „Wer in diesem Bunker stand, konnte von hier aus beobachten, was sich unten in der Stadt tat." Seine Frau ergänzt, dass es während des Zweiten Weltkriegs einige solcher Bunker in Wolfsburg und auch auf dem Gelände des Volkswagenwerks gegeben habe.

Diese Einmannbunker heißen auch Splitterschutzzellen, sie sind aus Stahlbeton und nur schwer zerstörbar. Heute stehen Deutschlandweit nicht mehr allzu viele dieser Bunker, die meisten wurden inzwischen entfernt. Ihr Sinn war, wie das Ehepaar Kulbe schildert, aus einer sicheren Position heraus das Umfeld beobachten zu können. Wie alle Einmannbunker hatte auch dieser Sehschlitze und Einstiegsluken, die von innen verriegelt werden konnten.

Reinhold Kulbe hat die Luftangriffe auf seine Stadt und das Werk noch genau in Erinnerung. Die fünf großen Angriffe im Jahr 1944 verursachten schwere Schäden an den Hallen des Werks. „Im Vergleich zu anderen Städten gab es im Stadtgebiet verhältnismäßig wenig Schäden", sagt er. Aber als zehnjähriger Junge hatte er trotzdem Angst. Was nutzen in solchen Momenten schon Vergleiche, zumal Reinhold Kulbe von der Situation in anderen Städten damals nichts wusste. Aber die Stadt, erzählt er, habe sich bereits in den ersten Kriegsjahren auf mögliche Bombenangriffe vorbereitet. „Schon die ersten Wohnblocks waren mit Luftschutzkellern ausgestattet. Die Häuser wurden zunächst mit Matten getarnt, was sich aber nicht bewährte.

„Das ist ein ganz besonderer Bunker: für ein bis zwei Personen. Solche Einmannbunker gab es viele im Zweiten Weltkrieg."

Danach erhielt der helle Edelputz einen dunklen Tarnanstrich", schildert er die damaligen Vorbereitungen. Auch hätten die Bürger dabei helfen müssen, Splittergräben auszuheben. „Die Gräben wurden dann mit einer Balken- und Erdabdeckung versehen." Kindern war es streng verboten, in die Gräben zu gehen, aber sie haben es natürlich trotzdem getan und sie „als Abenteuerspielplatz und Ort für die schnelle Notdurft" genutzt, wie Kulbe schmunzelnd gesteht.

Zudem seien im Stadtgebiet hölzerne Türme errichtet worden, die mit leichter Flak bestückt waren. „Gegen Ende des Krieges sollten die Flakhelfer wegen Munitionsmangels nur noch schießen, wenn sie selbst angegriffen wurden", so der Heimatkenner. Und dann gab es auch noch eine Flakstellung am Schillerteich mit 8,8 cm-Flugabwehr-kanonen. „Wenn ein Bomberverband der Alliierten heranflog, setzte Sperrfeuer ein", sagt Kulbe und erzählt, dass die Jungs am Folgetag auf die Jagd nach Granatsplittern gegangen seien. In der Nacht des Angriffs hatten sie natürlich Angst: „Das Getöse hörten wir unten im Luft-schutzkeller. Flogen die Flugzeuge weiter nach Osten Richtung Berlin, war der Spuk bald vorbei. Kam aber ein langgezogenes Pfeifen dazu und eine gewaltige Detonation, dann wussten wir, jetzt ist es ernst – eine Bombe hat eingeschlagen. Das Geräusch habe ich noch heute in den Ohren." Und eine weitere Erinnerung ist für Reinhold Kulbe lebendig: „1943 bis 1944 wurden das Werk und ein Teil der Stadt bei Annäherung der Bombenverbände vernebelt. Dort, wo Vernebelungs-batterien standen, gingen die Pflan-zen ein und die Kleintierhalter bangten um ihre Kaninchen und das Federvieh." Als Junge hat Rein-hold Kulbe immer die Nachrichten der Luftwaffe angehört: „Die Luft-waffe funkte auf einer eigenen Fre-quenz auf der Mittelwelle. Doch die Meldungen konnten nur entschlüs-selt werden, wenn man eine ent-sprechende Landkarte mit Plan-quadraten besaß. Da diese an Privatpersonen nicht abgegeben wurde, besorgte sich mein Vater eine Kopie. Schon als Kind habe ich mich für Landkarten interessiert, und so konnte ich die Durchsagen auf dem Plan verfolgen und feststellen,

Vom Einmannbunker ist nicht mehr allzu viel zu sehen.

wo sich die feindlichen Flugzeuge gerade befanden." Eine weitere Informationsquelle sei der Drahtfunk gewesen: So wie es heute Verkehrsinformationen im Rundfunk gibt, waren es damals die Luftlagemeldungen. „Achtung, Achtung, wir bringen eine Luftlagemeldung. Feindliche Bomberverbände im Anflug auf den Großraum Hannover-Braunschweig." Wenn eine solche Durchsage kam, sagt Kulbe, stellte sich die Bevölkerung auf Fliegeralarm ein. „Bei Ankündigung eines Luftalarms schickte uns die Schulleitung rechtzeitig nach Hause, sodass wir noch vor Vollalarm dort ankommen konnten. Wenn es in der Nacht Fliegeralarm gab, wir uns anziehen und den Luftschutzkeller aufsuchen mussten – und das war häufig der Fall –, begann der Schulunterricht erst später."

„Bei Ankündigung eines Luftalarms schickte uns die Schulleitung rechtzeitig nach Hause, sodass wir noch vor Vollalarm dort ankommen konnten."

Luftschutzkeller haben die Kulbes während ihrer Kindheit also von innen gesehen. Den Einmannbunker auf dem Klieversberg kennen sie allerdings nur von außen. Und sind froh darüber, dass sie nie in ihm Schutz suchen mussten.

Eva-Maria Bast

So geht's zum Einmannbunker:

Er befindet sich auf der Wiese vor dem Klieversberg. Man erreicht ihn, wenn man von der Sauerbruchstraße kommend hinter dem Klinikum links in den Waldweg einbiegt und dem Hinweischild „Zum Tiergehege" bis zum Mahnmal folgt.

33

Buchstaben

Kopien einer Berühmtheit

elbe Buchstaben stehen auf dem Dach des flachen weißen
Gebäudes, das etwas mitgenommen aussieht. Es steht leer;
ein Zaun sperrt den Eingang ab. Die Buchstaben formen
das eigenartige Wort „Billen". Die Letter I fehlt in dem
Wort, nur noch die dünne Eisenstab-Halterung steht an seinem
Platz. Wer war dieser oder diese „Billen" und was macht dieses ver-
lassene Bauwerk an der Berliner Brücke zu einem besonderen?

„Dieses Gebäude wurde 2013 unter Denkmalschutz gestellt",
erzählt Künstler Ali Altschaffel. „Es ist ein echtes architektonisches
Sahnestück hier in Wolfsburg. Und fast keiner weiß, dass es eine
Verbindung nach Barcelona hat."

Das Billen-Haus, von dem er spricht, ist nach der hier einst
ansässigen Firma „Naturstein Tillmann Billen" benannt. Es ist dem
Design eines großen Architekten nach-
empfunden: Mies van der Rohe (1886-
1969). Im Jahr 1929 entwarf der aus
einer Aachener Steinmetzfamilie
stammende Architekt einen Pavillon
für die Weltausstellung in Barcelona,
der für viel Bewunderung und Aufse-
hen sorgte. Mit goldenem Onyx war er
gestaltet, mit grün-weiß geadertem
Serpentinit und beigem Travertin-
Kalkstein. Auch beim Wolfsburger Unternehmer Tillmann Billen
muss dieser prächtige Pavillon wohl einen bleibenden Eindruck hin-
terlassen haben. Denn als dieser im Jahr 1959 in seiner Heimatstadt
einen Büropavillon entwerfen und bauen ließ, orientierte sich sein
Architekt Rudolf R. Gerdes stark an van der Rohes Ausstellungs-
objekt in Barcelona. Eine Steinwand aus grünlichem Marmor, das
Chefbüro aus Travertin und zwei ebenfalls von Mies van der Rohe

> *„Es ist ein echtes
> architektonisches Sahnestück
> hier in Wolfsburg. Und fast
> keiner weiß, dass es eine
> Verbindung nach Barcelona
> hat."*

*Ali Altschaffel vor dem leer stehenden Billenhaus,
das ihm wegen seines architektonischen Werts
am Herzen liegt.*

121

Rätselhafte Buchstaben auf einem Dach.

designte Barcelona-Chairs darin gelten als eine Hommage an den Architekten.

„Obwohl das Gebäude eher flach ist, wird es als Pavillon bezeichnet, eben in Anlehnung an den in Barcelona ausgestellten von van der Rohe. Das Haus ist ja kein echtes van der Rohe", sagt Ali Altschaffel, „aber es ist seinen Bauten nachempfunden und damit ein besonderes und erhaltenswertes Gebäude in Wolfsburg." 2013 hätte es abgerissen werden sollen. Doch heute ist sein Erhalt gesichert.

Und die gelben Buchstaben auf dem Dach leuchten und lassen Vorbeigehende rätseln, was es mit ihnen auf sich hat.

Cathérine Fischer

So geht's zu den Buchstaben:

An der Berliner Brücke, am Maybachweg, steht das Billen-Haus.

122

Elisabeth Kulbe betrachtet die Stele oft und gern.
Sie weiß, welche Geschichte hinter ihr steckt.

34

Stele

Erinnerung an einen unerschrockenen Mann

E lisabeth Kulbe schaut etwas wehmütig auf die rostrote Stein-Stele, die im Wolfsburger Stadtteil Heßlingen unweit einer Brücke steht. Oben ist der Schutzheilige Christophorus mit einem Kind auf der Schulter zu sehen. Und es finden sich Figuren, die das Brot teilen oder in familiärer Gemeinsamkeit zusammenstehen. „Diese Stele erinnert an einen

123

steinigen Weg, den ein junger Priester für seine katholische Gemeinde gegangen ist. Um genau an diesem Ort seiner Berufung nachgehen zu können", erzählt Elisabeth Kulbe.

Der junge Priester war Antonius Holling (1908-1996). Der Bischof von Hildesheim, Dr. Godehard Machens (1886-1956), erteilte dem damals in Hamburg-Wilhelmsburg wirkenden 31-jährigen Holling einen Auftrag. In dem im Jahr 1940 noch „Stadt des Kdf-Wagens" genannten Wolfsburg sollte er als Pfarrer arbeiten. „Zu dieser Zeit gab es in der Stadt zwei evangelische Kirchen, die St.-Annen-Kirche in Heßlingen und die Marienkirche in Alt-Wolfsburg", sagt Elisabeth Kulbe. „Für die evangelische Bevölkerung reichten diese beiden Gotteshäuser aus. Für katholische Christen jedoch stand zu jener Zeit keine einzige Kirche zur Verfügung." Die nächste katholische Kirche lag 25 Kilometer von Wolfsburg entfernt in Gifhorn. Kirchen waren in dieser neu geplanten Stadt nicht vorgesehen. Wolfsburg sollte eine Stadt ohne Gott und ohne Kirchen werden.

„Doch die, die in der Stadt etwas zu sagen hatten, machten es ihm sehr schwer."

Der Bischof von Hildesheim wusste, dass in der Stadt, in der die Religion kleingehalten werden sollte, Schwierigkeiten auf den jungen Holling zukommen würden. Holling bekam daher folgende Worte vom Bischof mit auf den Weg, die Karl-Heinz Bögershausen in seiner Broschüre über die katholische Notkirche festgehalten hat: „Sie haben dort weder eine Wohnung noch eine Kirche. Sie sollen nach dem Willen der Machthaber in dieser Stadt nicht wohnen und dürfen auch keinen Gottesdienst halten. Das ist verboten. Sie sind ein Pionier mit großer Aufgabe. Sie haben mein Vertrauen. Alles, was ich Ihnen mitgeben kann, ist Gottes Segen. Seien Sie vorsichtig und klug!"

Daraufhin machte Antonius Holling sich mit seinem Motorrad auf den Weg, nur mit einem kleinen Koffer im Gepäck. Der Zweite Weltkrieg war seit sechs Monaten in vollem Gange, als der junge Pfarrer zum ersten Mal in die „Stadt des KdF-Wagens" kam. Ihm bot sich ein nicht gerade einladendes Bild: In der Nähe des Volks-wagenwerks breitete sich ein großes Barackenlager aus, in dem etwa 10.000 Arbeiter untergebracht waren. Die entstehende Stadt war eine einzige Baustelle. In diesem tristen Umfeld wollte Holling nun eine katholische Kirche aufbauen. „Doch die, die in der Stadt etwas zu sagen hatten, machten es ihm sehr schwer", sagt Elisabeth Kulbe.

Das waren Bürgermeister Werner Steinecke, der Holling erst gar nicht empfing, um sich sein Anliegen, eine Kirche für die Katholiken in Wolfsburg erbauen zu lassen, anzuhören. Der Bürgermeisterstellvertreter, Kleeberg, lehnte sogar tatsächlich ab, dem jungen Priester eine Wohnung zuzuteilen. Die wenigen, die es im Gebiet gab, seien für die Familien der im Werk arbeitenden Deutschen vorgesehen, hieß es. So blieb Holling im Vorort Gifhorn und fuhr täglich die 25 Kilometer mit seinem Motorrad in die Stadt.

Antonius Holling versuchte zunächst, in Kontakt mit Katholiken zu treten. Er besuchte die einzelnen Familien und hielt private Gottesdienste in deren Wohnungen ab. Doch die waren besorgt und befürchteten, Unannehmlichkeiten heraufzubeschwören, wenn sie sich zu ihrem Glauben bekennen würden. Daher trauten sich viele bald nicht mehr, den Geistlichen bei sich zu Hause zu empfangen.

In Heßlingen verweist eine Stele auf die katholische Notkirche.

Kurze Zeit später meldete sich Familie Bertelsmeier mit einer vielversprechenden Idee. Im Gasthaus Schulz an der Straße, die Richtung Fallersleben führt, gab es einen kleinen Saal, der sonntagvormittags nicht genutzt wurde. Hier könne man doch die katholische Gemeinde zusammenbringen, schlug sie vor. Und tatsächlich: Der Wirt stellte den Saal für sonntägliche katholische Messen zur Verfügung. Unter einem Foto des Diktators Adolf Hitler (1889-1945) feierten die Gläubigen nun einen Gottesdienst. Bis die Gestapo den Saal nach nur wenigen Monaten als „nicht gottesdienstwürdig" befand und alle Messen verbot.

„Doch Holling ließ sich nie unterkriegen", sagt Elisabeth Kulbe, während sie die Stele betrachtet. „Weiterhin hielt er geheime Gottesdienste, Religionsunterricht und Taufen in den Wohnungen der Gläubigen ab." Aus alten Fußböden habe er Knie- und Kommunionbänke zimmern lassen.

Schließlich fand sich im Jahr 1940 ein Saal in Heßlingen in der Gaststätte „Brandenburger Adler", in dem endlich auch die Katholiken der Stadt ihren Glauben leben durften. Aus dem ehemaligen Tanzsaal, ausgestattet mit Altar, Bänken und mit Beichtstühlen, wurde die katholische Notkirche. „Ich habe dort meine Erstkommunion gefeiert", erinnert sich die Wolfsburgerin. Sie hat sogar ein Schwarz-Weiß-Foto dabei, auf dem sie in ihrem schneeweißen Kommunionsgewand und stolz eine Kerze in den Händen haltend vor dem ehemaligen Gebäude zu sehen ist.

Malerisch: die Stele inmitten von Grün.

Diese Notkirche überdauerte den Nationalsozialismus und auch die Repressalien durch das Regime. Bis zum Jahr 1951, in der Zeit des Wiederaufbaus nach dem Krieg, gab es sie, dann hatte Antonius Holling es tatsächlich geschafft, eine „richtige" katholische Kirche in der Stadt durchzusetzen: die St.-Christophorus-Kirche. „Nach dem letzten Gottesdienst in der Notkirche gingen wir alle zusammen in einem feierlichen Zug zu unserer neuen Kirche", weiß Elisabeth Kulbe aus eigener Erfahrung zu berichten. „Von hier, von der Stelle, an der die Notkirche stand, bis zur St.-Christophorus-Kirche". Die Straße, in der die Kirche steht, ist nach Antonius Holling benannt. 46 Jahre wirkte er als Priester und Seelsorger in Wolfsburg, bis er im Jahr 1986 in den Ruhestand ging.

Den „Brandenburger Adler" mit seinem zu einer Kirche umfunktionierten Tanzsaal gibt es heute nicht mehr.

„Doch Holling ließ sich nie unterkriegen. Weiterhin hielt er geheime Gottesdienste, Religionsunterricht und Taufen in den Wohnungen der Gläubigen ab."

Doch die Stele mit der Inschrift *In dieser Notkirche wirkte als Seelsorger Pastor A. Holling* erinnert noch an diese längst vergangenen Zeiten. Und an einen besonders mutigen und willensstarken Mann.

Cathérine Fischer

....

So geht's zur Stele:

Die Stele steht in Heßlingen, gegenüber dem Wolfsburger Figurentheater Am Hasselbach.

35

Büssing-Grabstein

Hier ruht ein Pionier

„**A**m Ehrenfriedhof", heißt das von alten Bäumen bewachsene Rondell in Vorsfelde. Wichtige Bürger des Wolfsburger Vororts, die etwas Bemerkenswertes und Erinnerungswürdiges für die Geschichte des Ortes geleistet haben, sind hier begraben. Doch das kleine Rondell wirkt eher wie ein Park als wie ein Friedhof, denn nur an den Rändern finden sich vereinzelt Gräber. Bei einem von ihnen lässt sich auf dem eingewachsenen und etwas brüchig aussehenden grauen Grabstein kaum mehr erkennen, welcher Name darin eingemeißelt ist.

Andrea Müller-Kudelka lebt schon lange in Vorsfelde. Dieses mit Wein überwucherte Grab ist der Journalistin jedoch selbst erst vor Kurzem aufgefallen. Sie streicht einige Blätter zurück und legt die Schrift auf dem Grabstein frei. „Nur noch der Name des hier Begrabenen ist in undeutlichen Buchstaben zu lesen", sagt sie: *Heinrich Büssing*. Was brachte diesem Mann den Ruhm, der ihm einen Platz auf dem Friedhof sicherte?

Am 29. Juni 1843 wurde Büssing als Sohn eines Schmieds in Nordsteimke geboren. „Sein Geburtshaus steht noch", weiß Andrea Müller-Kudelka zu berichten. Heute befindet sich darin das Heinrich-Büssing-Haus, ein Museum, in dem das Leben und Schaffen Büssings nachvollzogen werden kann. „Das Museum kennen viele. Wo er begraben ist, weiß jedoch kaum einer."

Zunächst lernte Heinrich Büssing 1859 das Schmiedehandwerk seines Vaters. Dem Dorfschmied fielen etliche Aufgaben zu: Er war Hufschmied, Wagenbauer, Radmacher und Schlosser zugleich. Mit 18 Jahren ging Büssing einige Jahre auf Wanderschaft und reiste vom Norden Deutschlands über Brandenburg und Sachsen nach Franken und Bayern, dann weiter nach Württemberg bis in die Schweiz. Im Jahr 1863 begann er, Maschinenbau in Braunschweig zu studieren,

---

Andrea Müller-Kudelka beugt sich zum Grabstein herüber,
um die Inschrift besser entziffern zu können.

gegen den Willen seines Vaters. Der hätte die helfende Hand seines Sohnes lieber in der Schmiede gewusst.

„Nach Ende seines Studiums gründete Büssing dann seine erste Fabrik", erzählt die Journalistin. „Velocipedes" hieß sie, und Büssing stellte darin Fahrräder her. Hier nahm sein Geschäftssinn für die Herstellung und den Einsatz für Fahrzeuge und Verkehrsmittel seinen Anfang. Der große Erfolg blieb bei „Velocipedes" jedoch aus. Während des Deutsch-Französischen Kriegs (1870/71) nahm die Fabrik ein Ende.

Doch Büssing ließ sich seinen Tatendrang und seinen Geschäftssinn für Transportmittel nicht nehmen. Nun widmete er sich dem Schienenverkehr: 1873 rief er zusammen mit Max Jüdel (1845-1910), seinem Geschäftspartner und Geldgeber, eine Eisenbahn-Signalbau-Firma ins Leben. Hier liefen die Geschäfte mehr als gut, im In- wie im Ausland. Nach dem Tod seiner Frau kaufte Büssing sich einen Benz „Mylord" und tüftelte daran herum, bis schließlich 1903 der erste LKW fertig war. Eine Spezialfabrik für Motorwagen und Motor-

Ganz eingewachsen ist das Grab des im Jahr 1929 verstorbenen Büssing.

omnibusse entstand in Braunschweig. Der erste in dieser Firma produzierte Lastwagen ist derzeit im deutschen Museum zu bewundern. Heinrich Büssing baute die Fahrzeuge nicht nur, er regelte auch, wo sie eingesetzt werden sollten. So errichtete er im Jahr 1904 die erste Omnibuslinie, die Braunschweig und Wendeburg miteinander verband und auf der seine Fahrzeuge dann fuhren.

150 Patente für den Bau von Lastkraftwagen sicherte sich Heinrich Büssing im Laufe seiner 30-jährigen Arbeit in dieser Fabrik. Mit seinen Produkten verhalf er Deutschland zur Führungsposition in der weltweiten LKW-Produktion. Die MAN Truck & Bus AG in Salzgitter hat

heute noch eine (mittlerweile modernisierte) Maschine im Einsatz, deren Arbeits- und Funktionsprinzip der Erfindung Büssings nachempfunden ist.

In den 1960er-Jahren, unter der Leitung von Büssings Söhnen, erfuhr die LKW- und Omnibusfabrik eine Absatzkrise. So wurde aus dem ehemaligen Familienunternehmen eine Aktiengesellschaft. Die Aktienmehrheit besitzt heute die MAN SE, der börsennotierte Fahrzeug- und Maschinenbaukonzern mit Sitz in München.

„Das Museum kennen viele. Wo er begraben ist, weiß jedoch kaum einer."

Davon bekam Heinrich Büssing jedoch längst nichts mehr mit. Am 27. Oktober 1929, im Alter von 86 Jahren, starb er in Braunschweig. Und bekam aufgrund seiner Leistungen als Pionier der Lastwagen- und Omnibusentwicklung einen Platz auf dem Vorsfelder Ehrenfriedhof. Liebhaber von Kraftfahrzeugen, die es nach Wolfsburg verschlägt, sollten bei ihrem Besuch daher nicht nur durch das Heinrich-Büssing-Museum gehen, sondern auch dem weinbewachsenen, unscheinbaren Grab des Pioniers einen Besuch abstatten.

Cathérine Fischer

So geht's zum Büssing-Grabstein:

In dem Rondell, Am Ehrenfriedhof, ist Heinrich Büssing begraben. Nach den Stufen am Eingang, nach etwa Hundert Metern, liegt das eingewachsene Grab auf der linken Seite.

36

Cones

Multitalente im Phaeno-Museum

Futuristisch sieht es aus, das flache graue Gebäude am Wolfs-burger Bahnhof. Es steht auf kegelförmigen Sockeln, soge-nannten Cones, und die Fassade ist nicht ganz eben, son-dern mit kantigen Quadraten versehen. Es handelt sich um das naturwissenschaftliche Museum Phaeno, entworfen von der bri-tisch-irakischen Architektin Zaha Hadid (1950-2016). Der Name für das Museum stand bereits vor Beginn des Baus fest: Phaeno, abgeleitet vom Wort Phänomen. Denn in diesem Zentrum für naturwissen-schaftliche Experimente geht es darum, selbst wissenschaftliche Phä-nomene zu erkunden.

Volker Linne ist stolzer Mitarbeiter dieses Museums. Das für ihn Bemerkenswerteste daran sind jedoch nicht nur die spektakulären Experimente, die man beobachten oder großteils sogar selbst ausfüh-ren kann. Es sind auch nicht die schwebenden, sich drehenden oder lärmenden Utensilien, die das Museum wie eine Art Zauberschule wirken lassen. Und es ist auch nicht die ungewöhnliche Einteilung des Gebäudes, in dem die gesamte Ausstel-lungsfläche in nur einem riesigen Raum zu überblicken ist. Für Linne besteht das größte Geheimnis im Unscheinbaren, an einer Stelle, die eigentlich keiner so recht beachtet: in der Tiefgarage. „Hier kommen die Leute an, stellen ihr Auto ab, gehen achtlos vorbei und betreten das Phaeno." Nach ihrem Besuch, nach der Reizüber-flutung, mit der man im Museum spielen kann, kommen sie zurück in die Tiefgarage, gehen wieder daran vorbei. „Und sie sehen gar nicht, dass sich hier, im unterirdischen Wolfsburg, eine architekto-nische Konstruktion befindet, die es sonst nirgends auf der Welt

> *„Sie sind so konstruiert, dass Abgase und Luft aus der Tiefgarage luftzirkulationsreguliert durch sie hindurch an die Oberfläche transportiert werden."*

Der Blick nach oben durch die Cones beeindruckt ihn immer wieder aufs Neue: Phaeno-Mitarbeiter Volker Linne in dem innovativen Konstrukt.

gibt." Welche Einzigartigkeit kann man also in der Tiefgarage des Museums entdecken?

Das Museum ist als Pendant zur Autostadt gedacht, die Gebäude sollen sich ergänzen. Damit die Blickfreiheit zum Volkswagenwerk gewährleistet ist, steht das Phaeno auf zehn Cones, geformt wie Kegel. Diese erfüllen eine Stützfunktion und dienen auch als Räumlichkeit für ein Café und ein Wissenschaftstheater. Volker Linne zeigt, wofür einige dieser zehn Cones noch verwendet werden. „Sie sind so konstruiert, dass Abgase und Luft aus der Tiefgarage luftzirkulationsreguliert durch sie hindurch an die Oberfläche transportiert werden." Während in anderen Tiefgaragen aufwändige motorenbetriebene Zirkulationsmaschinen angebracht sind, reguliert sich die Luftzu- und -abfuhr im Wolfsburger Museum ganz ohne technische Hilfsmittel allein durch Form und Anbringungsort der Cones. „Für mich ist diese Kleinigkeit eine ganz besondere und selten beachtete architektonische Innovation von Zaha Hadid. Und weltweit einzigartig", schildert Volker Linne begeistert.

Blick nach oben.

Doch bevor diese architektonische Meisterleistung, wie Linne sie nennt, konstruiert werden konnte, gab es eine Menge Vorbereitungen zu treffen. Als der Kulturdezernent Wolfgang Guthardt 1998 vorschlug, direkt am Wolfsburger Bahnhof ein naturwissenschaftliches Museum errichten zu lassen, stieß er bei den verantwortlichen Stadtplanern gleich auf Interesse. Der Eingang zur Stadt direkt am Bahnhof sollte einladender gestaltet werden und der Dominanz der Autostadt entgegenwirken. Vertreter aus Rat, Verwaltung und der Autostadt brachen zu einer Rundreise auf, um sich unter anderem von Science Centern in Frankreich und den USA inspirieren zu lassen. Ursprünglich war ein gläserner Durchgang zur Autostadt geplant, der aus Kostengründen jedoch wieder verworfen wurde.

Im Jahr 2000 wurde europaweit ein Architekten-Wettbewerb ausgeschrieben: Gesucht wurde ein Entwurf für ein Museum, das seine Besucher zum Mitmachen auffordert, eine große Halle hat und den Besuchern alle Ausstellungs- und Ausprobiergegenstände auf einer Etage offenbart. Aus 23 Design-Vorschlägen wurde der der preisgekrönten Architektin Zaha Hadid ausgewählt. Zwei Jahre später folgte die Grundsteinlegung.

„Hier kommen die Leute an, stellen ihr Auto ab, gehen achtlos vorbei und betreten das Phaneo.“

So kamen das Museum und mit ihm die Cones nach Wolfsburg. Und wer darauf achtet, dem wird auffallen, wie ungewöhnlich frisch die Luft tatsächlich in dem dafür eher ungewöhnlichen Ort einer Tiefgarage ist.

Cathérine Fischer

So geht's zu den Cones:

In der Tiefgarage am Willy-Brandt-Platz 1 ist die architektonische Besonderheit des Phaeno-Gebäudes zu entdecken.

37

Steinchen

Venedig mitten in Wolfsburg

Zehntausende Steinchen transportierte ein Kunstinteressierter im Jahr 2008 nach Wolfsburg. Jedes einzelne Stück wurde mit viel Fingerspitzengefühl an dem dafür vorhergesehenen Platz angebracht. Heute leuchten die Einzelteile in verschiedenen Blautönen und bringen Farbe in ihre manchmal etwas triste Umgebung. Der dafür vorgesehene Platz, das ist der bei den Wolfsburgern sehr beliebte Pfauenbrunnen.

Jeder kennt ihn, doch woher seine leuchtenden Einzelteile kommen, weiß kaum einer. Die Journalistin Andrea Müller-Kudelka hat die Geschichte aber recherchiert.

1,80 Meter hoch ist das Kunstwerk, rund vier Meter lang. Stolz und in majestätischer Pose dreht die Pfauenfigur ihren Kopf zu dem prächtigen Gefieder. Der Pfau hat leuchtend gelb umrandete Augen, und sein langer Hals schimmert in Hellblau, Türkis und Nachtblau. Seine Federn sind ebenfalls in Blau gehalten, die Pfauenaugen auf den Rückenfedern in Gelbgold. Aus seinem zierlichen Schnabel sprüht eine kleine Wasserfontäne.

„Jeder Wolfsburger hat irgendeine Erinnerung an den Pfauenbrunnen", beginnt Andrea Müller-Kudelka zu erzählen. „Ursprünglich stand er vor dem Hertie, Wolfsburgs ehemaliges beliebtestes Einkaufszentrum." Im November 1960 wurde das Kaufhaus eröffnet, galt als einer der Höhepunkte der Stadtentwicklung. Man traf sich im Erdgeschoss zum Kuchenessen, kaufte in der riesigen Feinkostabteilung Spezialitäten aus Italien oder machte es sich im Sommer auf der Außenterrasse gemütlich. In den 1980er-Jahren blieb dann das Geschäft aus, nach und nach wurde das Kaufhaus zunächst etagenweise verkleinert, bevor es 2003 schließen musste.

„Der Pfauenbrunnen wurde 1961 gleich nach dem Bau des Kaufhauses davor platziert. Nach einem Einkaufsbummel ging man am Brunnen vorbei, erfrischte sich am Wasser, das aus seinem Schnabel

Andrea Müller-Kudelka lehnt an ihrem Lieblingskunstwerk in Wolfsburg.

kam. Kinder sind auf ihm herumgeklettert. So bringt jeder alteingesessene Wolfsburger den Pfauenbrunnen noch mit Hertie in Verbindung." Genau diese große Aufmerksamkeit wurde dem Pfauenbrunnen dann zum Verhängnis. Die Originalmosaiksteine, die nach dem Entwurf des Künstlers Paul-Kurt Bartzsch (1917-1994) auf dem elegant geschwungenen Pfauenkörper platziert worden waren, splitterten ab.

„Jeder Wolfsburger hat irgendeine Erinnerung an den Pfauenbrunnen."

Die filigranen Steine hielten die Belastung nicht aus. Auch durch die Kälte im Winter brachen viele der bunten Mosaiksteinchen heraus.

„Irgendwann sah der Brunnen sehr ramponiert aus, und man wusste nicht, ob er Wolfsburg überhaupt erhalten bleiben würde. Dann begannen aber aufwändige Renovierungsarbeiten", so Andrea Müller-Kudelka. Zwei Jahre lang arbeitete die Fliesenfirma Dehm ab 2006 am Brunnen. Und um dem Pfau ein würdiges Kleid zu verleihen, ist der Firmeninhaber extra weit gereist, um passende Mosaiksteine einzukaufen. In Venedig fand er die bunten Steinchen und brachte sie nach Wolfsburg. „So finden wir heute einen Hauch der Glaskunststadt Venedig in Wolfsburg", sagt die Journalistin.

Für die zukünftigen Winter ließ die Stadt eine Aluhütte extra für den Wolfsburger Exoten anfertigen, unter der das empfindliche Tier vor Kälte und Nässe geschützt ist. Zusätzlich ist schon seit Längerem eine Umfriedung mit einem Zaun oder Pflanzen geplant – damit das importierte Blau des Pfauenkleides noch möglichst lange an der Porschestraße Nord leuchten kann.

Cathérine Fischer

So geht's zu den Steinchen:

Neben der Porschestraße Nr. 2 steht der Pfauenbrunnen.

Pasqualina Lazzara-Roccuzzo betrachtet einen der Grabsteine an der Michaeliskirche.

38

Grabmale
Ein Friedhof als Spielplatz

Über das Erwachsenenleben und Werk des Dichters August Heinrich Hoffmann von Fallersleben (1798-1874) ist viel zu erfahren, unter anderem im Hoffmann-von-Fallersleben-Museum in seinem Geburtsort bei Wolfsburg.
Nicole Trnka, Mitarbeiterin des Hoffmann-von-Fallersleben-Museums, kann auch Geschichten über den berühmten deutschen Dichter

erzählen, die sonst kaum jemand kennt. So weiß sie von dem ganz besonderen Spaß, den er sich in seiner Kindheit oft mit seinen Freunden gemacht hat. Und zwar auf dem Friedhof um die Michaeliskirche in Fallersleben. Das sogenannte Gespensterspiel beschreibt der Dichter in seinem autobiografischen Werk „Mein Leben" folgendermaßen: „In der Kinderwelt war es lebendiger als früher. (…) So pflegten wir uns in den Winterabenden zu verkleiden und dann auf den Kirchhofsgräbern umherzuwandeln. Einer musste den Geist machen, vor dem wir anderen erschraken und flohen. Dieser Geist hatte sich in einen alten weißen Pudermantel gehüllt und konnte nur langsam fortschreiten. Zuweilen legten wir ihm dicke Steine auf die Schleppe, ohne daß er es merkte, so daß ihm dann selbst bange wurde, als ob ein Geist aus dem Grabe ihn fest hielte."

Ein ungewöhnlicher Spielplatz für ein selbsterfundenes Vergnügen des jungen Hoffmann von Fallersleben: der ehemalige Friedhof in Fallersleben.

Pasqualina Lazzara-Roccuzzo, ebenfalls Mitarbeiterin des Museums, zeigt die Grabsteine des ehemaligen Friedhofs, auf dem sich die Fallersleber Jungs mit dem Geisterspiel amüsierten. Wenn man die Beschreibung von Hoffmann von Fallersleben liest, sieht man hier förmlich vor sich, wie die Jungs umherliefen und sich gegenseitig Angst einjagten.

Damals ahnte keines dieser Kinder, dass eines von ihnen etwa drei Jahrzehnte später berühmt werden und mit der dritten Strophe seines „Lied der Deutschen" im Jahr 1841 sogar die deutsche Nationalhymne schreiben sollte. Mit der Veröffentlichung der Gedichtsammlung „Lieder und Romanzen" 1821 begann August Heinrich Hoffmann, erstmals unter dem Namen Hoffmann von Fallersleben zu publizieren. Er fing an zu studieren: Zunächst widmete er sich der Theologie in

Göttingen, wofür er sich jedoch wenig begeistern konnte. Er wechselte zur Altertumswissenschaft, dann traf er in Kassel auf die Sprach- und Literaturwissenschaftler Jacob Grimm (1785-1863) und Wilhelm Grimm (1786-1859), was Hoffmann als Wendepunkt in seinem Leben bezeichnete. Jacob Grimm – der ältere der berühmten Brüder – ermutigte von Fallersleben dazu, zum Studium der Deutschen Sprache und Literatur und Kultur zu wechseln. Damit legte von Fallersleben den Grundstein für eine Karriere im akademischen Betrieb. Er wurde zum Sammler und Herausgeber alter Schriften.

Von Fallersleben suchte in vielen Bibliotheken nach alten deutschsprachigen Texten, die früher unter anderem zu Buchdeckeln verarbeitet wurden. Im Hoffman-von-Fallersleben-Museum zeigt heute eine Inszenierung, wie Hoffmann geradezu detektivisch auch mit chemischen Substanzen zu Werke ging, um die Pergamentblätter vom Einband zu lösen und verblichene Schriften wieder lesbar zu machen.

Ebenso wurde er zu einem Experten für niederländische Sprache und gilt als Mitbegründer der niederländischen Philologie. 1823 erhielt er die Ehrendoktorwürde der Universität Leiden. 1840 erschien Band I und 1841 Band II seiner „Unpolitischen Lieder" (siehe Geheimnisse 06 und 11).

Nach dem frühen Tod seiner Frau fand er Trost in Erinnerungen an glücklichere Zeiten, so auch an seine Kindheit in Fallersleben. Und schrieb auf, welchen Schabernack er auf dem Dorffriedhof in Fallersleben als Kind getrieben hatte.

Cathérine Fischer

So geht's zu den Grabmalen:

Direkt hinter dem Hoffmann-von-Fallersleben-Museum, vor der Michaeliskirche am Schloßplatz 2, sind sie zu erkennen.

Erker

Schlossgeschichte neu geschrieben

ls Gäste- und Museumsführerin kennt Gundula Zahr das Wolfsburger Schloss wie ihre Westentasche. Trotzdem war es auch für sie eine Überraschung, als vor einigen Jahren Zeichnungen des Schlosses aus dem 18. Jahrhundert in Archiven gefunden wurden. Darauf war deutlich zu erkennen, dass der an der Außenwand des Schlosses angebrachte Erker ganz anders genutzt wurde als bisher angenommen. „Jahrzehntelang ging man davon aus, dass es sich dabei um einen sogenannten Toilettenerker gehandelt hat", erklärt sie. Da der Anbau gleich über dem Wassergraben platziert war, lag diese Annahme für Historiker nahe. „Doch nun weiß man, dass sich hier der sogenannte Blumenerker von Anna Adelheid Catharina von Bartensleben befand. Die Geschichte der Wolfsburg muss umgeschrieben werden."

Seit die Zeichnungen aufgetaucht sind, ist bekannt, dass Anna Adelheid (1699-1756) im Schloss einen bepflanzten Erker hatte. Von dem aus sie, wie Gundula Zahr sagt, „den Leuten bei der Arbeit zugeschaut hat". Der hübsche Anbau diente also keineswegs zur Verrichtung der Notdurft der Schlossbewohner, sondern vielmehr einem erholsamen Zeitvertreib mit Ausblick für die Schlossdame. Und wer vom Schloss hinaus in den herrlichen umliegenden Schlosspark blickt, kann gut verstehen, warum die Adlige diesen Ort dafür wählte.

Cathérine Fischer

So geht's zum Erker:

Geht man links um das Schloss herum, erblickt man an der Außenfassade, zirka acht Meter über dem Boden, den heute noch existierenden Blumenerker. Das Schloss steht in der Schlossstraße 8.

Der Blumenerker von Anna Adelheid Catharina von Bartensleben am Schloss Wolfsburg.

143

40

Linde

Stellvertreterin für ein Gasthaus

Mitten am vielbefahrenen Berliner Ring steht sie, unbeachtet von Tausenden Autofahrern und halb versteckt
vom Gebäude der Wolfsburger Polizei, vor dem sie
etwas verloren wirkt. Und mit den Jahren gerät in
Vergessenheit, was um sie herum einmal war und dass ihr Standort
einen wichtigen Punkt in der Stadthistorie Wolfsburgs ausmacht.
Die Rede ist von der rund 100 Jahre alten Linde.

Der Fotograf Gustav Schlesinger erinnert sich genau: „Neben
diesem alten, heute unter Naturschutz stehenden Baum befand sich
in den 1950er-Jahren die Gaststätte *Zur Linde*. Benannt nach eben
dieser Linde und eröffnet von meinem Vater."

1951 eröffnete Gustav Schlesinger Senior die Gaststätte „Zur
Linde". Bevor in diesem Gebäude Bier ausgeschenkt und herzhafte
Gerichte serviert wurden, befand sich darin die alte Schule des Wolfsburger Vororts Heßlingen. Der Fotograf und Lehrer Walter Naucke
hat hier unterrichtet, noch vor der offiziellen Stadtgründung 1938.
Nach dem Zweiten Weltkrieg nutzte ein Kaufmann namens Lücke
das inzwischen leerstehende Gebäude als Verkaufsraum für Waagen
und Registrierkassen.

„Mein Vater war Kellner in Fallersleben, als er in den 1950er-
Jahren hörte, dass das ehemalige Schulhaus von Heßlingen leer- und
zur Verpachtung freistand. Da hat er dann zugegriffen", erzählt
Schlesinger und schaut zum hohen Wipfel der Linde. „Der Wolfsburger war es davor nicht gewohnt, ins Wirtshaus zu gehen", sagt er.
„Eher wurden Kinder mit Krügen losgeschickt, um Bier aus Schän-
ken zu holen, das dann zu Hause getrunken wurde." Mit der Gaststätte „Zur Linde" hatten die Wolfsburger dann einen Ort, an dem
sie einkehren konnten. Auf einem provisorischen Küchenherd wurden
böhmische Gerichte gekocht, Knödel unter dem schattenspenden-
den Baum mit kühlem Bier heruntergespült. „100 Plätze hatten wir

Die rund 100-jährige Linde steht mittlerweile unter Naturschutz.

Der Wolfsburger Fotograf Gustav Schlesinger vor der Linde der Gaststätte.

im Biergarten, da haben wir im Sommer ganz schön geschuftet", erinnert sich Gustav Schlesinger. „Mein Vater hatte auch einen Plattenspieler organisiert, über einen an der Linde befestigten Lautsprecher übertrug der die Musik in den Biergarten." Gustav Schlesingers Frau Margarete beschreibt die Atmosphäre im Wirtshaus als familiär und volkstümlich, ganz gemütlich ist es wohl drinnen im Lokal und draußen im Biergarten zugegangen.

Sogar der Gemeinderat hat sich in der Gaststätte „Zur Linde" getroffen: „Zuerst haben sie diskutiert, dann haben sie an unseren Tischen Karten gespielt", beschreibt der Wolfsburger. „Und von so manchen Gästen hat sich mein Vater den Autoschlüssel geben lassen, wenn es mal ein paar Bier mehr unter der Linde geworden sind."

Nur fünf Jahre bestand die Gaststätte, bevor sie 1956 dem Bau der Berliner Brücke weichen musste. Heute befinden sich viele Neubauten an der Heßlinger Straße. Nur die alte Linde, einst Namensgeberin des beliebten Wolfsburger Wirtshauses, steht noch immer dort, als eine Art Stellvertreter für das ehemalige Gasthaus, ganz unbeeindruckt von Lärm, Brücke, Autos und neuen Gebäuden.

Cathérine Fischer

So geht's zur Linde:

Am Ring der Berliner Brücke, vor dem grauen Wolfsburger Polizeihaus an der Heßlinger Straße 27, steht der rund 100 Jahre alte Baum.

146

Axel Claes steht vor dem Haus mit der falschen Jahreszahl.

41

Falsche Jahreszahl
Schreibfehler in Stein gemeißelt

Warum dem Steinmetz der Fehler unterlaufen ist, das kann Axel Claes nicht sagen. Denn Claes lebte 1841, als die Jahreszahl in Stein gehauen wurde, noch nicht. Also konnte er den Verursacher des Fehlers logischerweise nicht auf selbigen ansprechen. Aber Axel Claes hat sich durchaus Gedanken gemacht um die falsche Jahreszahl am Bio-Markt in der Hoffmannstraße im Wolfsburger Stadtteil Fallersleben. „Immerhin hat der Steinmetz die Jahreszahl nicht verfälscht. Auch wenn er sie falsch geschrieben hat, steht hier trotzdem noch 1841", erklärt der passionierte Fallersleber Geschichtskenner. Wie das geht?

„Der damalige Steinmetz hat diese Zahl so geschrieben: MDCCCXXXXI. Und vier gleiche Zahlzeichen hintereinander gibt es in der römischen Schrift nicht. Der Steinmetz hätte es so schreiben müssen: MDCCCXLI." Axel Claes vermutet, dass der Fehler aus Unkenntnis über die richtige Schreibweise entstanden ist – und mag damit nicht unrecht haben, schließlich kamen solche Schreibfehler im Laufe der Jahrhunderte immer wieder vor. Und selbst wenn der Fehler anschließend aufgefallen sein sollte: Einen fertigen und nun im Haus vermauerten Stein wieder herauszunehmen, ist ja auch nicht einfach zu bewerkstelligen und ist zudem mit immensen Kosten verbunden.

Was hier steht, ist dem Inhalt nach richtig – formal aber falsch.

Das Gebäude, in dem sich heute ein Bio-Markt befindet, wurde als Stall für rund 3.400 Schafe gebaut und gehörte zur Domäne Fallersleben. Bei einer Domäne handelt es sich um ein größeres landwirtschaftliches Gut, das sich im Besitz des Staates oder eines Lehns- oder Landesherr befindet. „Das war eine wichtige Sache für Fallersleben", schildert Claes. In dem Buch „Hoffmannstadt Fallersleben – Zeitreise durch ein Jahrtausend" schreibt Christoph Stölzl: „Die wirtschaftliche und politische Realität in Fallersleben unterschied sich nicht von der agrarischen Welt in ganz Mitteleuropa. Bauernland war Herrenland, im Lehenswesen auf niedrigere Stufen des Adels übertragen, der als Grundherr die Spielregeln bestimmte und durch ‚Ämter' ökonomische und soziale Macht ausübt." Bis ins 14. Jahrhundert gehörte Fallersleben zum Herrschaftsgebiet der Grafen von Wohldenberg, wurde dann dem Gebiet der welfischen Herzöge zu Braunschweig-Lüneburg zugesprochen, bis es ab dem frühen 19. Jahrhundert zum Königreich Hannover gehörte. Nach der Niederlage

Hannovers im Preußisch-Deutschen Krieg 1866 wurde Fallersleben preußisches Gebiet. Die schrittweise Abschaffung der Domänen begann allerdings schon nach der Revolution im Jahre 1848 und sollte letztlich 1880 durch den Verkauf der Ländereien und Liegenschaften ihren Abschluss finden. Tatsächlich fand die Fallersleber Domäne aber erst im Jahre 1912 durch Verkauf an 113 Fallersleber Käufer ihr Ende.

Otto Heinrichs aus Fallersleben, Rektor a.D., schrieb in den 1930er-Jahren über die Domäne Fallersleben: „Die wirtschaftliche Entwicklung, die im vorigen Jahrhundert in Deutschland einsetzte, hat Fallersleben erst ziemlich spät zu spüren bekommen. Es lag zum Teil daran, daß die Ackerwirtschaft hier keine Entwicklungsmöglichkeit für die Einwohner bot, da die Feldmark größtenteils Domänenland war, das von dem jeweiligen Amtshauptmann bewirtschaftet wurde, späterhin als Ganzes verpachtet wurde." Erst als sich die hannoversche Regierung entschlossen habe, „dem Flecken Fallersleben die Domäne zur Einzelverpachtung zu überlassen, war für einen Teil der Bevölkerung die Möglichkeit gegeben, die Ackerwirtschaft zu einer bescheidenen Erwerbsquelle zu machen." Wahrscheinlich habe „die große Bewegung des Jahres 1848 auch in dieser Richtung den Stein ins Rollen gebracht, denn die Übernahme des Domänenlandes ist am 1. Mai 1849 erfolgt", schreibt Heinrichs. Und 1912 sei die Regierung dann endlich bereit gewesen, „die Domäne dem Flecken Fallersleben zu verkaufen. Die Ländereien wurden aufge-

„Immerhin hat der Steinmetz die Jahreszahl nicht verfälscht, auch wenn er sie falsch geschrieben hat."

teilt, so daß auf diese Weise die meisten Einwohner ihren ‚Landhunger' befriedigen konnten, sodaß nach Inkrafttreten des Erbhofgesetzes im Jahre 1933 insgesamt 25 neue Bauernhöfe entstanden.

Herzogin Clara von Braunschweig-Lüneburg hatte ihren Witwensitz in Fallersleben (siehe Geheimnis 04). Ihren kleinen Hof bestritt sie aus Einnahmen der zum Schloss gehörenden Liegenschaften, quasi dem Vorläufer der späteren Domäne. „Im Laufe der folgenden Jahrhunderte wurden neue Gebäude errichtet, später wieder abgerissen, um wiederum neue Gebäude an dieser Stelle zu bauen, immer darauf bedacht, die wirtschaftlichen Erträge zu steigern", sagt Claes und nennt hier beispielhaft den Bau des Brauhauses 1765. Die Domänen-Ländereien und -betriebe – wie zum Beispiel Brauerei, Ziegelei, Fischerei, Mühlen, Meiereien, Holzwirtschaft und Viehzucht – seien nur an Adlige verpachtet worden, die dann als Amtsmänner eine jährliche Pacht an die Domänenkammer des jeweiligen Landesherrn zu entrichten hatten. „Die Höfe der wenigen freien Bauern wurden später vom Adel zudem noch eingezogen, die Bauern meist zu Landarbeitern und Ackerleuten auf den Gütern gemacht", schildert Claes. Die ehemaligen eigenständigen Bauern hätten lediglich kleine Gärten zum Eigennutz bewirtschaften dürfen und zudem noch allgemeine Spann- und Handdienste zu leisten gehabt.

„Durch politische und auch wirtschaftliche Unruhen waren die Pächter oft gezwungen, Teile des Domänenlandes an Fallersleber Bürger weiter zu verpachten, auch um die Ernährung der Bürger dadurch zu verbessern", fährt Claes fort. „In den 1830er-Jahren wurde die Lage Fallerslebens katastrophal. Die königliche Domäne war von Steuern nicht befreit, das heißt, die Bürger mussten nicht nur Haus- und Grundstückssteuer, Personen- und Verbrauchssteuer zahlen, sondern zu Einquartierungen und Truppenverpflegungen in Friedenszeiten auch mit Naturallieferungen im Kriegsfall beitragen."

1836 sei die Fallersleber Domäne an den Adligen von Unger verpachtet worden. Dieser fungierte allerdings nur als Mittelsmann, denn eigentlicher Pächter war der Ökonom Kuntzen aus Marienthal, der auch für den Bau des Schafstalles im Jahre 1841 verantwortlich zeichnete, was der Steinmetz der Nachwelt mit oben genannter Jahreszahl kundtat. Wenn sie auch falsch ist – die Botschaft versteht man ja trotzdem, wie Axel Claes augenzwinkernd erklärt.

Eva-Maria Bast

....

So geht's zur falschen Jahreszahl:

Sie befindet sich am Giebel des ehemaligen Schafstalls. Dieser steht in der Hoffmannstraße 10 in Fallersleben.

Die heute etwas verfallen wirkende Porschehütte: Arbeitsraum für den berühmten Ingenieur Ferdinand Porsche.

42

Hütte

Hier tüftelte Porsche

Auf dem Weg auf den Klieversberg, von wo aus man einen der besten Ausblicke über Wolfsburg genießen kann, passieren Spaziergänger zwei hüttenähnliche Häuser. Das erste flache Gebäude ist noch ganz neu. Holzwände und hohe Fenster lassen ein lichtdurchflutetes Inneres erahnen. Große alte Bäume stehen im dazugehörigen Garten; im Vergleich zu ihnen wirkt das Gebäude modern. Direkt neben dem Grundstück steht ein kleines Haus, das eher aussieht wie eine unscheinbare Waldhütte. Es hat unregelmäßig fleckenhaft verlegte Dachschindeln. Das Holz des Gebäudes ist von der Sonneneinstrahlung schon ganz dunkel, an den Dachrinnen beginnt Moos zu wachsen. Niemand wohnt mehr darin.

„Bei dem Haus mit den unordentlichen Schindeln am Wegrand würde man nie darauf kommen, was sich hier einmal Wichtiges abgespielt hat und welche Ideen unter diesem Dach entstanden sind", sagt Lydia Wittig. Sie ist beruflich in ganz Deutschland unterwegs, erkundet immer wieder seine Städte und hat es sich zum Hobby gemacht, sich über das nicht ganz so Offensichtliche zu informieren. „Das ältere Haus ist die sogenannte Porschehütte", sagt sie und fügt die Erklärung gleich mit hinzu. „In diesem jetzt fast etwas verfallen wirkenden Gebäude hat tatsächlich der berühmte Autobauer Ferdinand Porsche (1875-1951) gearbeitet. Und vielleicht ist ihm ja sogar in diesem Haus die Idee für den weltberühmten VW-Käfer gekommen."

Direkt am Fuß des Klieversberg steht sie: die Porschehütte.

Ferdinand Porsche ließ sich dieses Gebäude extra für seine Arbeit in der damaligen „Stadt des KdF-Wagens" errichten. Ab 1934 arbeitete er im Auftrag des Reichsverbands der Automobilindustrie. Er sollte ein Fahrzeug konstruieren, das sich jeder leisten konnte, wofür ihn die nationalsozialistische Deutsche Arbeiterfront mit mehreren Millionen Reichsmark förderte. So schuf er das meistverkaufte Auto Europas: den Käfer. Von 1938 bis 1945 war Ferdinand Porsche selbst Leiter des Volkswagenwerkes in Wolfsburg. 1963 entwickelte er zusammen mit seinem Sohn Ferry Porsche das berühmte Porsche-Modell „911er". Allein bis zum Jahr 1955 produzierte das Volkswagenwerk eine Million

Autos. „Und hier, hinter diesen Wänden, unter diesen unordentlichen Dachschindeln, hat Ferdinand Porsche gesessen und getüftelt und konstruiert", erzählt Lydia Wittig.

Nachdem die Porschehütte 15 Jahre leer gestanden hatte, arbeitete von 1982 bis 2012 eine Künstlergruppe um das Ehepaar Zimbelmann in diesem historischen Gebäude. Die Künstler stellten in den Räumen eigene Fotografien und Skulpturen aus, boten Kunst-Workshops für Kinder und Erwachsene an. All dies findet nun in dem Haus neben der

> *„Bei dem Haus mit den unordentlichen Schindeln am Wegrand würde man nie darauf kommen, was sich hier einmal Wichtiges abgespielt hat und welche Ideen unter diesem Dach entstanden sind."*

originalen Porschehütte statt. Die Gruppe zog aus, da die Porschehütte renoviert und als eine Art Denkmal erhalten werden sollte. Seitdem steht das Gebäude wieder leer.

Das geflickte Dach zeugt davon, dass die Stadt schon die letzten Jahre um den Erhalt und eine Instandhaltung des Gebäudes bemüht war. Größere Renovierungsarbeiten sind geplant, die Substanz des Gebäudes soll bleiben, frühere Anbauten durch originalgetreue Nachbauten wieder am Haus platziert werden. „Damit die ehemaligen Arbeitsräume des berühmten und erfolgreichen Tüftlers für die Nachwelt erhalten bleiben und nicht in Vergessenheit geraten", sagt Lydia Wittig.

Cathérine Fischer

....

So geht's zur Hütte:

Direkt am Aufgang zum Klieversberg, in der Sauerbruchstraße, steht die Porschehütte.

43

Loch

Rätselhafter Gang im Schloss

O b Schröder von den unterirdischen Gängen weiß? „Schröder ist unsere Schlosskatze", stellt Elke Schulz den getigerten Kater vor. „Eigentlich ist er auch schon ein Wolfsburger Geheimnis", meint die Museumpädagogin schmunzelnd, als sie sich zu ihm herunterbeugt und ihn hinter den Ohren krault. Auf dem Weg zu den rätselhaften Steinresten, die einem möglichen Geheimgang am Schloss zugesprochen werden, kommt ihr die Katze im Kellergewölbe entgegen. „Er ist die Schlosskatze in zweiter Generation", erklärt Elke Schulz. Seine Mutter war eines Tages hier im Innenhof des Schlosses und blieb einfach. Sie bekam irgendwann ein Junges, Schröder genannt, und die beiden zogen eine Zeitlang gemeinsam um das Schlossgelände. Als seine Mutter starb, blieb Schröder. „Jeder, der hier am Museum arbeitet, kennt und mag ihn. Er gehört irgendwie zum Schloss dazu."

Schröder folgt uns in den Keller des Schlosses zu verwinkelten Toilettenanlagen, in denen sich die Steinreste mit einer besonderen Geschichte dahinter befinden. Hinter einer Glasscheibe erkennt man ein Loch von circa 50 Zentimetern Durchmesser. Und hinter dem Loch: Dunkelheit.

„Um das 15. Jahrhundert, so munkelt man, könnten diese Steinreste der Eingang zu einem Geheimgang gewesen sein", beginnt Elke Schulz ihre Erzählung. „Manche behaupten, dass dieser Gang die Wolfsburg und die Burg in Neuhaus verbunden hat, die als Gegenburg zur Wolfsburg gebaut wurde. 2,5 Kilometer lang soll dieser Geheimgang gewesen sein." Die Familien, die die jeweiligen Burgen bewohnten, waren laut Erzählungen wohl gut befreundet. Wurde eine der beiden Familien angegriffen, konnte sie sich im unterirdischen Geheimgang zu ihren Freunden retten. Jahrhunderte später soll der geheime unterirdische Gang dann als Lager für die Reichtümer der Familie von Bartensleben verwendet worden sein. „Viele junge Knappen machten sich auf dieses Gerücht hin auf den Weg in den dunklen Gang, um die mutmaßlichen Schätze zu bergen", erzählt die Museumsführerin weiter. „Doch die Schatzsuche erwies sich gefährlicher als erwartet." Teilweise war der Gang verschüttet, an einigen Stellen gab es kein Durchkommen mehr. Viele Möchtegern-Schatzgräber kamen schon nach wenigen Stunden mit leeren Händen zurück. Die Enge, die Dunkelheit und die schlechte Luft hatten sie zum Umdrehen gezwungen.

„Eines Tages", fährt Elke Schulz mit der Legende fort, „kam ein besonders mutiger junger Mann ans Schloss und begab sich mit einer

> *„Manche behaupten, dass dieser Gang die Wolfsburg und Burg Neuhaus verbunden hat."*

Trommel in den Gang. Er trommelte laut, während er sich duckend in den Tunnel ging, damit die Schlossbewohner ihm zu Hilfe eilen könnten, sollte das Geräusch plötzlich nicht mehr zu hören sein. Nach einiger Zeit verstummte es, und der junge Ritter ward nie mehr gesehen. Seit diesem Tag traute sich keiner mehr in den Geheimgang mit seinem vermeintlichen Schatz, und er wurde auch von Wolfsburger Seite aus verschlossen."

Heute hat man andere Vorstellungen über besagten Tunnel. Man ordnet dessen Reste einem Gewölbegang zu, der sich zwischen dem Schloss und dem äußeren Wassergraben befand. Dieser Gang muss zu einer früheren Bauphase, ab dem 15. Jahrhundert etwa, gehört haben, da er den Verlauf des inneren Wassergrabens kreuzt. Auf einer historischen Karte kann man erkennen, dass die Wolfsburg sogar von zwei Wassergräben umgeben war. Von einem äußeren um die Schlossanlage herum. Und einem inneren, das Hauptgebäude umrahmend.

Somit können Gewölbegang und innerer Wassergraben nicht gleichzeitig existiert haben, da man den Gang nicht gegen eindringendes Wasser hätte abdichten können. Falls diese frühe Datierung nicht zutreffen sollte, bedeutete dies, dass der Gewölbegang erst in der ersten Hälfte des 19. Jahrhunderts gebaut worden sein kann, als der innere Wassergraben befüllt wurde.

Der „Geheimgang" von Schloss Wolfsburg.

Die Überlegungen zur ehemaligen Verwendung des Geheimgangs sehen von der als Fluchtweg ab. Auch die Nutzung als Weg für eine Materialversorgung des Schlosses und seiner Bewohner oder der Remisen um die Anlage herum wird heute eher ausgeschlossen. Vielmehr handelt es sich bei dem legendenumwobenen Geheimgang wohl um einen Abwasserkanal.

Auf dem Platz vor dem Schloss, vor dem Museumseingang, unter hell-blau hervorstechendem Glas, befinden sich noch Reste dieses ehema-ligen inneren Wassergrabens. Genauer gesagt ist es eine Ecke der äuße-ren Einlassungsmauer. Nur 70 Zentimeter unter den Bodendecken kann man das 13,50 Meter lange Teilstück sehen, das bei archäologischen Ausgra-bungen freigelegt wurde.

„Ich finde die Legende um den Geheimgang und den möglichen Schatz der von Bartenslebens, der sich hier vielleicht noch befinden könnte, interessanter als den wahren Grund des Gewölbeganges.“

Eine genaue Datierung der Mauer ist nicht möglich. Wahrscheinlich gehörte sie schon zur ursprünglichen Befestigung der Wasserburg ab dem 13. Jahrhundert. Als die Burg dann im 16. Jahrhundert zu einem repräsentativen Renaissance-Schloss umgebaut wurde, blieb der Ver-teidigungscharakter erhalten. „Ich finde die Legende um den Geheimgang und den möglichen Schatz der von Bartenslebens, der sich hier vielleicht noch befinden könnte, interessan-ter als den wahren Grund des Gewölbeganges“, meint Elke Schulz. „Und wer weiß, eine Legende hat ja doch irgendwie immer einen wahren Kern.“

Cathérine Fischer

....

So geht's zum Loch:

Betritt man das Schloss, führt auf der rechten Seite eine Treppe hinunter zu einer Garderobe und zu Toilettenanlagen für die Museumsbesucher. Direkt bei den Toiletten kann man das Loch erkennen. Das Schloss steht in der Schloßstraße 8.

44

Geheimtreppe
Durch den Schacht zur Schicht

Am 1. August 1966 änderte sich der Arbeitsweg für damals über 40.000 Mitarbeiter des Volkswagenwerks in Wolfsburg: Durch zwei Fußgängertunnel von insgesamt zehn Meter Breite und 222 Meter Länge gelangten die Arbeiter von nun an zu ihrem Arbeitsplatz. Der Künstler Ali Altschaffel kennt auf dieser unterirdischen Strecke eine unauffällige Eisentür, die ihn und ein paar wenige Mitwisser über eine Geheimtreppe zu einem Ausgang führt. Sie ist zwar offiziell benutzbar, doch die wenigsten wissen von ihrer Existenz.

An dem Tunnelstück am Schachtweg Tor 17, einem der Eingänge, benutzt Altschaffel oft die Geheimtreppe hinter der Tür, um ins Freie zu kommen. Quietschend öffnet sich die dünne und doch schwere Eisentür. Die Stufen der Treppe dahinter sind aus weißem Kalkstein, mit buntem Graffiti links und rechts an den Wänden. „Es gibt keine Möglichkeit, näher an das Werksgelände zu kommen, ohne dieses zu betreten, als über diese Stufen", sagt Ali Altschaffel. „Durch diesen geheimen Ausgang kommt man direkt am Kanal heraus und hat einen tollen Blick auf das Werk." Ursprünglich war die Treppe für die Binnenschiffer gedacht, die auf diesem Weg von der Anlegestelle am Kanal aus in die Stadt gingen, bevor sie ab dem Jahr 2000 die Autostadtbrücke passieren konnten.

Die Verbindungstunnel gehören heute zu Wolfsburg ebenso wie das Werk mit seinen vier dominanten Schornsteinen. Rund 12.000 Menschen nutzen inzwischen jeden Tag die Tunnel unter den Gleisanlagen, dem Mittellandkanal und der Heinrich-Nordhoff-Straße. Vor dem Bau hatten VW-Mitarbeiter und -Besucher den Kanal über zwei Brücken zu passieren. Als immer mehr Mitarbeiter eingestellt wurden, um der enormen Nachfrage an Automobilen gerecht zu werden, wurde es schnell eng auf den Brücken. Vor allem zu den Schichtwechseln gegen 14 Uhr staute es sich. Im Winter, bei Nässe und Kälte, war es

Ali Altschaffel lehnt am Geländer der Treppe, die aus dem Tunnel führt. Hinter ihm befinden sich das VW-Werk und der Mittellandkanal.

rutschig und glatt, und der Arbeitsweg wurde gefährlich. So begann im Jahr 1960 die Planung, diese Brücken durch Tunnel zu ersetzen. An jeder Kanalseite entstanden bald offene Baugruben. 1964 ging dann die eigentliche Arbeit los. Rolltreppen, die in den Sechzigerjahren gerade modern geworden waren, sollten in die unterirdischen Gänge führen. Insgesamt 13 von ihnen brachten die Menschen in die Tunnel und an den Ausgängen wieder nach oben. Helle Kacheln sollten für eine offene und helle Atmosphäre sorgen. Am 19. April 1966 war der Schachtweg fertiggebaut. Mit dem Ende des Werkurlaubs beschritten am 1. August die ersten Arbeiter ihren neuen unterirdischen Arbeitsweg, der rund 16 Millionen Deutsche Mark gekostet hatte.

„Durch diesen geheimen Ausgang kommt man direkt am Kanal heraus und hat einen tollen Blick auf das Werk."

Heute hat sich der Charakter der Tunnel geändert. Aus einem rein zweckgebundenen Verkehrsweg wurde ein Ort mit kulturellem Anspruch. Geht man den offiziellen Gang weiter, sind Schwarz-Weiß-Fotografien des Wolfsburger Fotografen Heinrich Heidersberger an den Tunnelkacheln zu entdecken. Oder man nimmt in Zukunft, jetzt als Mitwisser, den Weg über die Geheimtreppe nach oben und legt seinen Weg an der Oberfläche zurück, vorbei am imposanten VW-Werk.

Cathérine Fischer

....

So geht's zur Geheimtreppe:

Am Schachtweg 17, in der Nähe des Kulturzentrums Hallenbad, befindet sich der Eingang zum unterirdischen Fußweg. Nach circa 100 Metern, direkt vor der Ausstellung der Fotografien von Heidersberger, befindet sich auf der linken Seite die versteckte Tür.

Die Bank im Wolfsburger Stadtwald, unter der sich Überbleibsel aus dem Mittelalter befinden.

45

Bank

Unter uns das Mittelalter

I m Wolfsburger Stadtwald lässt sich neben Trinkwasserquellen oder uralten Bäumen mit den ungewöhnlichen Namen Henker- oder Liebeseiche (siehe Geheimnis 17) noch ein weiterer besonderer Platz entdecken. Spaziergänger oder Jogger nehmen die Rastgelegenheit auf einer hellen Bank gerne an – nicht wissend, dass diese auf verschütteten Relikten der Vergangenheit steht.

„Wenn ich auf dieser Bank sitze, stelle ich mir vor, was sich hier vor mehr als 700 Jahren abgespielt hat. Und dass sich einige Meter unter ihr noch Gegenstände aus genau dieser Zeit befinden", erzählt Gundula Zahr, Gästeführerin aus Wolfsburg. Denn diese Bank markiert genau die Stelle im Wald, wo einst Swekendorp lag.

Swekendorp? Ein eigenartiger Name, unter dem man sich zunächst nichts vorstellen kann. Doch Gundula Zahr klärt auf: „‚Sweken‘, das ist ein veralteter Ausdruck für unser heutiges Wort ‚Schweben‘. Das wiederum kommt von ‚Schwaden‘, also Rauchschwaden, Qualm.“

Gästeführerin Gundula Zahr zeigt, wo einst das Dorf Swekendorp lag.

Dort, wo heute die Bank steht, befand sich ein Dorf mit dem Namen Swekendorp, benannt nach den Rauchschwaden, die aus den Schornsteinen aufgestiegen sind. „Man vermutet, dass es sich bei diesem Dorf um eine Kohlesiedlung gehandelt hat“, so die Wolfsburgerin. Es ist nur wenig über dieses Dorf bekannt, in alten Urkunden ist kaum etwas über die Vergangenheit von Swekendorp zu finden. In einer Schrift von den Bartenslebens – den Erbauern des Schlosses Wolfsburg – aus dem Jahr 1474 wird Swekendorp als „wüst“ bezeichnet. Das bedeutet, dass das Dorf zu der Zeit bereits zerstört oder verlassen beziehungsweise beides gewesen sein muss. Auch in einer 1495 ausgestellten Lehnsurkunde wurde das Dorf als „wüst“ bezeichnet. Da der Wald aufgrund des steigenden Bedarfs an Holzkohle stark gerodet wurde, erfolgte wohl das Ende von Swekendorp nach Abnutzung des Waldes. Der Wald um Swekendorp war außerdem von Ackerflächen bedeckt. Die „fossilen Acker“, die noch heute durch ihre Form erkennbaren, ehemaligen Acker, sind mit ihren wellenförmigen Strukturen im Wald sichtbar. Blickt man zwischen den dichten Baumbeständen hindurch, ist der gewölbte Boden, der einmal zum Ackerbau verwendet wurde, noch deutlich auszumachen. Waldflächen wechselten sich im 15. Jahrhundert mit Ackerland, Wiesenflächen, Waldrodungen und ungenutzten Flurstücken ab. Im Mittelalter nutzten die Menschen den Wald auch oft als Viehweide, als sogenannte Hütewirtschaft. Etwa ab 1500 wurden die Äcker wieder bewaldet. 1742 legten die Grafen von der Schulenburg als neue Grundherren die heutige Struktur der Forstabteilungen und Wege des Waldes fest.

„In den 1960er-Jahren führte ein Professor von der Technischen Universität Braunschweig an der Stelle unter der Bank Grabungen durch", erzählt Gundula Zahr. Wilhelm Robert Krutsch hieß er und interessierte sich im Rahmen seines Dissertationsprojektes mit dem Titel „Beiträge zur Kulturlandschaftsgeschichte des Stadtgebietes vom Mittelalter bis zur Gegenwart" für diese Stelle im Wald. Da hier Reste von Feuerstellen an die Oberfläche getragen wurden, vermutete er das in den Urkunden erwähnte Swekendorp genau dort,

„Wenn ich auf dieser Bank sitze, stelle ich mir gerne vor, was sich hier vor mehr als 700 Jahren abgespielt hat."

wo heute friedlich die Bank steht. Zusammen mit Studierenden entnahm er Bodenproben und grub mit Sonden in der Erde. Er wurde fündig: Hausfundamente, Reste von Feuerstellen, Kochutensilien, Strukturen von angelegten Gartenanlagen und jede Menge Holzkohle kamen wieder ans Tageslicht. Dadurch konnte Krutsch die Existenz der Siedlung Swekendorp bestätigen und legte die ehemalige Lage fest.

Wer beim nächsten Waldspaziergang auf der hellen Bank rastet, kann sich nun vorstellen, dass sich genau unter ihm noch das ein oder andere Überbleibsel aus einer ehemaligen Kohlesiedlung befindet – von Swekendorp, das lange vor der Gründung Wolfsburgs existierte.

Cathérine Fischer

....

So geht's zur Bank:

In der Nähe der Henkereiche, auf der Nordseite des Weges im Waldgebiet Rabenberg, steht die Bank direkt über einem Teil des verschütteten Dorfs Swekendorp.

Scharfrichterhaus
1607 erbaut
bis 1801 Wohnsitz der Scharfrichter
mit Folterkammer
Eigentum der Familie Possiel

Holztür

Eingang ins Grauen

R echts neben dem Eingang befanden sich die Küche, zwei Stuben und mehrere kleinere Zimmer, links der Kuh- und Pferdestall und gleich daneben die Folterkammer. So ist es auf dem Grundriss des Jahres 1896 nachzuvoll-
ziehen. Dr. Meinhardt Leopold, Vorsitzender des Heimatvereins Vorsfelde und Ortspfleger, steht vor einer schweren Holztür, hinter der sich das paradox wirkende Innenleben befand. Eine Folterkammer direkt neben Stube und Küche? Tatsächlich: Dieses von außen so lieblich aussehende Fachwerkhaus aus dem Jahr 1607 in der Meinstraße 14 in Vorsfelde wurde für die Menschen, die durch seine Tür gehen mussten, zum Albtraum. „Bis zum Jahr 1801 lebten und vollstreckten hier die Scharfrichter von Vorsfelde", erklärt Meinhardt Leopold.

Von 1607 bis 1801 lebten und arbeiteten hier Scharfrichter.

Scharfrichter gehörte zu den ehrlosen Berufen des Mittelalters, schließlich folterten und vollstreckten sie im Auftrag der Stadt. In öffentlichen Gebäuden, wie der Kirche oder einem Wirtshaus, gab es jeweils einen Sitzplatz speziell für Henker – abseits von den übrigen Bewohnern. Die Abschottung ging so weit, dass Bürger ihrer eigenen Zunft enthoben wurden, sollten sie am Abend ein paar Bier mit dem Scharfrichter trinken. Ein Handwerker beispielsweise, der dem Unehrbaren zu nahe gekommen war, durfte seinen Beruf nicht mehr ausüben. Er war sozusagen entehrt. So musste der Scharfrichter alleine trinken – was wohl ziemlich häufig vorkam. Nicht nur aus Einsamkeit,

Der Vorsitzende des Heimatvereins Vorsfelde Dr. Meinhardt Leopold steht vor dem ehemaligen Scharfrichterhaus.

sondern vielleicht auch, weil es ihnen nicht ganz so leicht fiel, ihre grausame Arbeit auszuführen.

Außerdem musste der Scharfrichter nicht nur foltern und vollstrecken. Man schob ihm alle unangenehmen Aufgaben zu, die in einer Stadt anfielen: Er musste Kloaken reinigen, ausgebüxte Tiere einfangen oder Vieh kastrieren. Seine Galgen hatte er selbst zu zimmern.

Nach der Erfindung der Guillotine zur Zeit der Französischen Revolution (1789-1799) lastete ein besonderer Druck auf den Henkern: Sie hatten nur drei Versuche, um das Opfer zu enthaupten. Gelang das nicht, musste der Henker selbst dran glauben. Insbesondere für ältere und schwächere Henker wurde daher eine Vertretung – meist aus der Familie – gesucht, der man mehr „Treffsicherheit" zutraute.

„Hier folterte und vollstreckte der Scharfrichter aus Vorsfelde."

Man kann sich nun vorstellen, warum die Bürger sich nicht gern in der Nähe des Scharfrichters aufhielten. Doch abends, wenn es schon dunkel war, schienen die Gesetze nicht zu gelten, und die Menschen klopften heimlich an die Tür zum Haus des Schafrichters.

Sie erhofften sich medizinischen Rat. Der Scharfrichter wusste damals besser über die menschliche Anatomie Bescheid als sonst jemand in der Stadt – das brachte seine Arbeit mit sich. Der Scharfrichter sah die Körper bei seinen Folterungen ja teilweise bei lebendigem Leib geöffnet. Außerdem wusste er genau, wie er welches Glied ausrenken musste, um bestimmte Schmerzen auszulösen – oder auch, wie er es wieder einrenken konnte, um die Folterungen hinauszuzögern. Die Menschen suchten den Scharfrichter also abends oder nachts auf, wenn sie niemand sah, um sich behandeln zu lassen.

Für den Scharfrichter, der im Jahr 1622 praktizierte, liegt von der Familie von Bartensleben ein lobendes Zeugnis vor, indem dessen „Nebenverdienst" als Arzt belegt ist: „8 Jahre die Meisterey zu Vorsfelde verwaltet, sein Amt bei fürgefallenen Executionen mit Strangulieren und dergleichen wohl und ohne einen einzigen Mangel verrichtet und auch bei Torturen wohl exerziert. Hierneben auch zur Heilung unterschiedlicher vieler Arm- und Beinbrüche, auch zur Einrichtung verrückter Glieder sich gebrauchen lassen und die Patienten glücklich couriert, und daß wir das geringste nicht über ihn zu klagen wissen."

Meinhardt Leopold erzählt: „Das Richtschwert, das in diesem Haus bei Vollstreckungen genutzt wurde, kam in das Landesmuseum von Braunschweig. Im Zweiten Weltkrieg ist es aber verlorengegangen. Entweder wurde es gestohlen oder verlegt, jedenfalls ist es bis heute unauffindbar. Wir hoffen, dass es irgendwo wieder auftauchen wird. Schließlich ist es Teil der Vorsfelder Geschichte – wenn auch ein düsterer." Das Schwert trug auf der Klinge die Inschrift *Tue nichts Böses, so geschieht dir nichts Böses!*.

Seit 1801 wurden keine Verurteilten mehr durch diese Holztür in die Folterkammer im Inneren des Hauses geführt. Es ist heute in Privatbesitz.

Wer an der Holztür vorbeigeht, kann sich mit dem von Meinhardt Leopold erzählten Wissen nun vorstellen, was sich im 17. Jahrhundert dahinter abgespielt hat.

Cathérine Fischer

....

So geht's zur Holztür:

In der Meinstraße 14 im Wolfsburger Stadtteil Vorsfelde, steht das ehemalige Scharfrichterhaus.

47

Rotheburg-Quelle

Wasser aus Urzeiten

Viele Autos parken Am Burgwall neben dem Stadtwald. Die Leute steigen aus, mit großen leeren Plastikkanistern bepackt. Sie steuern einen mit roten Ziegeln umgebenen Platz an. Dort fließt aus einem Dreieck klares Wasser. In ihre Kanister füllen sie das Wasser literweise; einen nach dem anderen. Sie laden ihre Ausbeute wieder ins Auto und brausen ab. Was holen sich die Wolfsburger an dieser Stelle?

Gästeführerin Gundula Zahr weiß, warum die Leute hier halt-machen. Sie stillen ihren Trinkwasserbedarf an einer der öffentlich zugänglichen Quellen der Stadt. „Aus der Rotheburg-Quelle tritt Wasser aus einer Tiefe von 70 Metern aus. Das Wasser schmeckt hier besonders weich, denn es ist sehr mineralhaltig", erklärt die Wolfs-burgerin stolz. In ihrer Heimatstadt sei es gar nicht nötig, Plastikfla-schen im Supermarkt zu kaufen. Man kann sich einfach an dem sau-beren Wasser mit hohem Natriumanteil aus den Quellen bedienen. Diese unterliegen regelmäßigen Kontrollen durch das LSW, das Land-Stadt-Werk-Wolfsburg.

„Die Rotheburg-Quelle erinnert mit ihrem Namen an die im Jahr 1200 in der Nähe der heutigen Quelle gegründete Burg am Rotheberg, dem sogenannten Rothehof", erzählt Gundula Zahr. „Geht man an der Quelle vorbei, hinein in den dichten Wald, erinnert ein Stein mit Inschrift mitten unter den hohen Bäumen daran." *Rothehof. Um 1200 befestigter Sitz in Form einer Motte,* ist darauf zu lesen. „Motte" ist eine Burg in Turmform, die im frühen Mittelalter meistens aus Holz gebaut und auf einem künstlichen Erdhügel errichtet war. Ab 1304 war der Rothehof in Besitz der von Bartens-lebens und damit eine Vorgängerburg des Schlosses Wolfsburg. Ab 1500 wurde dieser Sitz wohl zugunsten der Wolfsburg aufgegeben.

Man kann sich auf eine von Moos bewachsene Holzbank unter riesige Bäume setzen und sich beim Betrachten des Steins vorstellen, wie an genau dieser Stelle einmal eine Burg gestanden hat. Um den

Gundula Zahr erfrischt sich am reinen Wasser der Rotheburg-Quelle.

Stein auf dem Hügel ist durch die Vertiefung im Boden noch immer der ehemalige Burggraben zu erkennen. Er wird heute als Mountainbike-Parcours genutzt. Die Sportler umkreisen also die ehemalige Motte des Rothenhofs, Namensgeber der Rotheberg-Quelle nebenan. Ob sie sich dessen bewusst sind?

Die Rotheburg-Quelle ist eine Station auf der Brunnen- und Quellenwanderung Wolfsburgs. Auf dieser circa zehn Kilometer langen Wanderung, die nach Belieben verkürzt oder verlängert werden kann, dürfen sich Besucher schon seit 1980 auf einen Wasserlehrpfad begeben. Dort können sie Quellen, Brunnen, Teiche, Wasserfontänen und Pumpen entdecken, die quer durch den Stadtwald verteilt sind. Und im wahrsten Sinne des Wortes auf den Geschmack kommen. „Das Wasser hat seinen ganz eigenen Geschmack, je nachdem, woher es kommt", erklärt Gundula Zahr. Ganz anders als das milde, fast süßliche Wasser aus der Rotheburg-Quelle, schmecke das aus der „Oldtimer-Handschwengel-Pumpe". Dieser Brunnen mit der alten Pumpe gehört zur ersten Wolfsburger Wasserversorgung. Aufgrund seines Eisen- und Mangangehalts schmeckt das Wasser aus dieser historischen Quelle schwerer, etwas metallisch.

Wolfsburger füllen an dieser Stelle ihre Trinkwasservorräte in Kanister.

Auf dem Wasserlehrpfad finden sich außerdem der Brunnen am Kaiserstuhl oder die Käfertränke. Der Brunnen am Kaiserstuhl steht direkt am Hasselbachweg und hat seinen Namen wegen der Form des Steines erhalten, aus dem das Wasser fließt. Wie ein Thron für einen Kaiser ist dieser geformt. Es handelt sich um einen unvorstellbare 80 Millionen Jahre alten Lavastein aus der Tertiärzeit. Er steht mit seinem Alter und seiner Beständigkeit für ursprüngliche Naturkraft und spendet Trinkwasser, das aus der Leitung von den Wasserwerken Westerbeck und Rühen zum Hochbehälter für Trinkwasser in Nordsteimke kommt.

Das Wasser aus der Käferquelle stammt dagegen aus dem Harz. Es ist ausschließlich für die Volkswagen AG bestimmt. Mit seinen vielen seltenen Tier-, Pflanzen- und Insektenarten ist der Wolfsburger Stadtwald, auch Erholungswald genannt, nicht nur schön, sondern auch ökologisch wertvoll. Die Biodiversität ist Zeichen für einen gesunden Wald, der Lebensqualität für Mensch und Tier garantiert. Die Käfer sind daher Namensgeber für diese Quelle.

Um alle versteckten 17 Quellen des Wasserlehrpfads aufzuspüren, folgen Naturliebhaber kleinen blauen Schildern, auf denen eine Libelle abgebildet ist. Neben einem sieben Tonnen schweren Relikt aus rotbraunen Granit aus der Eiszeit sprudelt hier ebenfalls frisches Trinkwasser aus der Wolfsburger Wasserversorgung. Der Granitstein stammt aus den Gletschern Skandinaviens – einen weiten Weg hat er hinter sich, bis hierher in den Wolfsburger Stadtwald.

„Wenn ich hier im Wald joggen gehe", sagt Gundula Zahr – und sie geht oft joggen, da sie bei Marathons in ganz Deutschland mitläuft und im Wolfsburger Stadtwald dafür trainiert –, „muss ich mir nie etwas zu trinken mitnehmen. Ich mache einfach an einem der vielen Brunnen und Quellen halt und trinke davon." Manche Leute glauben sogar an eine heilende Wirkung des Quellwassers.

Wer aber nicht jedes Mal eine bis zu zehn Kilometer lange Wanderung auf sich nehmen möchte, um an dieses ganz besondere Wasser zu kommen, kann die leicht zugängliche Rotheburg-Quelle für seinen Wasserbedarf wählen – wie es zahlreiche Wolfsburger mit ihren Kanistern regelmäßig tun.

Cathérine Fischer

....

So geht's zur Rotheburg-Quelle:

Am Burgwall 6-8 führt ein kleiner Weg hinunter in den Stadtwald Wolfsburg. Direkt vor dem Eingang fließt das Heilwasser aus der Rotheburg-Quelle.

48

Straße der Schützenkönige

„Royale" Wegbezeichnung

xakt 1404 Straßen gibt es in Wolfsburg. Einige sind nach
Gütern benannt, die dort abgebaut wurden, wie Kies oder
Kohle, nach Vieh, das dort gezüchtet wurde (zum Beispiel
Schäferhof), manche nach nahegelegenen Gewässern (wie
Am Kleinen Schillerteich), viele nach bedeutenden, geschichtsträch-
tigen Männern und Frauen. Doch es gibt eine Straße in der Stadt,
deren Namen eine ganz besondere Geschichte hat.

Es ist die mit dem Namen „Hinter den Königsgärten", die als
Rad- und Fußweg parallel zur Steinbreite im Stadtteil Hageberg verläuft. Dieser Weg hatte lange Zeit gar keinen Namen. Bis drei Wolfsburger ihn einfach selbst tauften und im Jahr 2003 ein provisorisches
Schild aufstellten. Nachträglich schlugen sie den Verantwortlichen
beim Straßenverkehrsamt diesen Namen vor, der prompt akzeptiert
wurde. Heute ist die Straße „Hinter den Königsgärten" ordnungsge-
mäß ins Straßenverzeichnis Wolfsburg aufgenommen.

Wie kam es dazu, dass drei Männer einer öffentlichen Straße
selbst einen Namen gaben? Und auch noch ein selbstgebautes Straßenschild aufstellten, das die Verantwort-
lichen der Stadt offiziell absegneten? Es
waren die drei ehemaligen Schützenkönige Manfred Modler, Reinhold
Knecht und Horst Dobrick, die auf diese
Idee kamen. Alle drei waren jahrelang
Mitglieder des Schützenvereins „Schützengesellschaft Wolfsburg".

„Zuerst war der Straßenname inoffiziell und ein Witz unter den Schützenkönigen."

Um das hochangesehene Amt der Schützenkönige zu erreichen,
gibt es keine allgemeingültigen Regeln, jeder Schützenverein hat
seine eigenen Rituale. Aber die Mitglieder müssen mindestens 18
Jahre alt sein, wenn sie sich bewerben. Beim Wettbewerb schießen
die Anwärter mit Luftgewehren auf Scheiben mit Wildmotiven. Der

*Bernhard Dinges, ein Freund der Schützenkönige, neben
dem besonderen Straßenschild.*

173

Treffsicherste wird dann zum Schützenkönig gekürt und darf diese ehrenvolle Bezeichnung ein Jahr lang tragen, bis sich die anderen Mitglieder mit ihm messen und ihn eventuell übertreffen. Die Besten bekommen ein Metallplättchen an eine aus von vorhergehenden Sieger-Plättchen bestehende Königskette gehängt, mit dem Datum ihres Sieges versehen. Mit den Jahren erreicht die westenähnliche Königskette ein erhebliches Gewicht.

Die Proklamation hielten die Mitglieder der Schützengesellschaft auf der Treppe vor dem Wolfsburger Rathaus ab. Dann zogen sie, begleitet von Blasmusik, durch die Straßen. So schritt der König, von seiner Kompanie begleitet, zur Krönung zu seinem Haus, wo die Festgesellschaft zur Feier des Tages zusammensaß. Die Amtsinsignien in Form der Königskette erhielt der Schützenkönig direkt zu Hause.

Der Fußweg entlang der Grundstücke der ehemaligen Schützenkönige.

Die drei ehemaligen Schützenkönige Manfred Modler, Reinhold Knecht und Horst Dobrick haben nicht nur den Titel gemeinsam, sondern auch die Adresse – zumindest die Straße: Die drei wohnen zufällig nebeneinander. Ein Haus, ein Garten grenzt an den des anderen ehemaligen Schützenkönigs. Also wurde die Zeremonie in dieser Straße gleich dreimal abgehalten. Manfred Modler wurde 1967 Schützenkönig, Reinhold Knecht im Jahr 1993 und Horst Dobrick dann 1998.

„Eines Tages haben sie gescherzt, dass man die Straße nach ihnen benennen könnte", erzählt Bernhard Dinges, selbst Volkskönig, was bedeutet, dass er als Nicht-Mitglied einen Schießwettbewerb gewonnen hat. Und einen Namen hatten sie sich auch schon überlegt. „,Hinter den Königsgärten', sollte der bisher namenlose Weg heißen." Als Witz, erzählt Bernhard Dinges die Geschichte weiter, baute Horst Dobrick ein Straßenschild mit blauer – royal blauer – Schrift und stellte es kurzerhand auf. Die zuständigen Beamten der Stadt Wolfsburg genehmigten den neuen Straßennamen zwei Jahre später bereitwillig, stellten die Stange zum Befestigen des Schildes bereit, und Name und Schild durften bleiben. Bis heute. Und wer weiß, wie viele Schützenkönige es künftig noch „Hinter den Königsgärten" geben wird.

„Eines Tages haben sie gescherzt, dass man die Straße nach ihnen benennen könnte. ,Hinter den Königsgärten', sollte der bisher namenlose Weg heißen."

Cathérine Fischer

So geht's zur Straße der Schützenkönige:

Der Fußweg „Hinter den Königsgärten" verläuft parallel zur Steinbreite, direkt neben der Bushaltestelle Hagebuttenweg.

49

Straßenrest
Wo einst Omnibusse fuhren

Als Siegfried Kayser noch Geschäftsführer der Industrie- und Handelskammer war, hat er aus seinem Büro im Hochhaus am Mühlengraben täglich hinübergeblickt zu dieser Straße, die nirgendwohin führt. Auf die Straße, die keine mehr ist. Nur ein kleines Stück Asphalt mitten in einer Wiese. Doch Kayser kennt ihre Geschichte, weiß, wie bedeutsam sie einst war – und dass sie früher sowohl einen schlüssigen Anfang als auch ein schlüssiges Ende hatte.

„Das war einmal die Hauptverbindungsstraße zwischen Wolfsburg und der südöstlichen Welt, also dem heutigen Landkreis Helmstedt", erzählt er. „Sie führte von Alt-Wolfsburg hierher. Heute verliefe sie dort, wo jetzt das Hochhaus steht." Etwa 25 Kilometer lang sei sie gewesen und habe in die alte Bundesstraße 188 gemündet. „Die Nordsteimker Straße war die südliche Verlängerung."

Bis Ende der 1950er-Jahre gab es die Straße, von der heute nur noch ein Rest hinter dem Hochhaus zu sehen ist. Wann sie allerdings gebaut wurde, das kann Kayser nicht genau sagen. „Ich weiß nur, dass sie sehr alt ist und dass es die einzige Verbindungsstraße von Alt-Wolfsburg zur damaligen Stadt war. Wolfsburg ist ja erst 1938 gegründet worden." Damals, erzählt der Wolfsburger, hätten hier nur die Schillermühle (siehe Geheimnis 18) und einige flache Holzhäuser gestanden – ein paar sind immer noch zu sehen, hinter dem Hochhaus, es handelt sich noch heute um beliebte Wohngebäude. „Und Anfang der 1950er-Jahre ist die Stadt dann explodiert" – durch das Wirtschaftswunder und den Erfolg von Volkswagen – und von ein paar Tausend Einwohnern bis 1972 auf knapp 80.000 angewachsen. Außerdem gab es die Eingemein-

„Das war einmal die Hauptverbindungsstraße zwischen Wolfsburg und der südöstlichen Welt, also dem heutigen Landkreis Helmstedt."

Siegfried Kayser geht auf der Straße spazieren. Lang wird der Spaziergang aber nicht werden, denn von der Straße ist nur noch ein kurzer Rest übrig.

Von der Terrasse des Hochhauses aus kann man das Straßenstück gut erkennen.

dungen." Konkret bedeutet das: 1938 lagen die Gemeinden Rothehof-Rothenfelde und Heßlingen sowie Grundstücke der Gemeinden Mörse, Sandkamp, Fallersleben und Hattorf auf dem Stadtgebiet. Sie wurden zusammen mit der neugegründeten Stadt zur sogenannten „Stadt des KdF-Wagens" vereinigt. 1972 folgten Eingemeindungen, nämlich die Städte Vorsfelde und Fallersleben sowie die Gemeinden Almke, Barnstorf, Ehmen, Hattorf, Hehlingen, Heiligendorf, Mörse, Neindorf, Sandkamp, Sülfeld, Brackstedt, Kästorf, Neuhaus, Nordsteimke, Reislingen, Velstove, Warmenau und Wendschott. „Heute sind wir eine Großstadt und haben rund 125.000 Einwohner. Es sind seit 1972 ungefähr 50.000 Einwohner dazugekommen", sagt Kayser.

Die Straße hatte also längst ausgedient – die Stadt war inzwischen derart angewachsen, dass viel breitere Straßen benötigt wurden. Auf dieser Straße seien vor allem Omnibusse gefahren. „Sie waren in den 50er-Jahren das übliche Verkehrsmittel, Automobile gab es noch nicht allzu viele. Wenn man überlegt, dass wir heute jeden Tag mehr als 70.000 Einpendler zu bewältigen haben – das kann man gar nicht vergleichen", sagt Kayser und blickt nachdenklich in Richtung des vielbefahrenen Berliner Rings. Er findet: „Kaum vorstellbar, dass hier mal Pferdekutschen gefahren sein sollen."

Eva-Maria Bast

So geht's zum Straßenrest:

Das Stück Straße befindet sich auf der östlichen Grünfläche zwischen dem Schillerteich und dem Hochhaus am Mühlengraben.

*Heute wild eingewachsen: Hier floss früher
der Schillerbach durch.*

Graben

Eine Brücke ohne Fluss

Der alteingesessene Wolfsburger Reinhold Kulbe steht auf einer Brücke zwischen Heßlingen und Rothenfelde. Orte, die heute zu Wolfsburg gehören, die es aber schon lange vor der eigentlichen Stadtplanung (ab 1938) gab. Es stehen hier nur noch einige alte Fachwerkhäuser, die aussehen wie eine Modelleisenbahn-Kulisse. Viele mussten dem Bau des Amtsgerichts, den Straßen- und Gewerbeflächen und moderner Wohnbauten weichen.

In Heßlingen befindet sich die älteste Kirche des heutigen Wolfsburg, die St.-Annen-Kirche, die schon im 14. Jahrhundert erstmals erwähnt wurde. Und eine Brücke steht mitten im Ort. Im Graben darunter wuchern Sträucher; Büsche und Gräser und kämpfen um den

179

besten Platz. Man erkennt an dem heute romantisch eingewachsenen Graben noch deutlich, dass hier einmal Wasser durchgerauscht sein muss. Reinhold Kulbe lehnt sich über das Brückengeländer, blickt in den ausgetrockneten Graben und beginnt zu erzählen: Von der Geschichte des Bachs, der einmal hier durchfloss und der nur noch diesen Graben zurückgelassen hat und heute einfach verschwunden zu sein scheint – es aber nicht ist.

„Der Schillerbach oder auch Sandfeldgraben – so hieß der Bach, der hier einmal verlaufen ist – trennte das Dorf Heßlingen von der Kolonie Rothenfelde. Die ehemalige Landesgrenze verlief entlang an diesem Bach. Heßlingen gehörte einst zu Brandenburg, während die Einwohner aus Rothenfelde nebenan zu Hannover gezählt wurden", berichtet Reinhold Kulbe. Man kann sich vorstellen, dass die Rothenfelder und die Heßlinger am Abend behaglich vor ihren Häusern saßen und über den Bach gleich in ein fremdes Land schauten: Die Rothenfelder blickten nach Brandenburg, die Heßlinger nach Hannover. „Und zwischen ihnen floss der Sandfeldgraben, der als Schillerbach im Westen des Schillerteichs austrat, unter der Friedrich-Ebert-Straße, vorbei am Rathenauplan, der Porsche-Realschule und der Rothenfelder Straße nach Heßlingen führte und hier im Dorf entsprechend dem alten Flurnamen eben Sandfeldgraben heißt", beschreibt er weiter.

Reinhold Kulbe an der Brücke, die über das ausgetrocknete Bachbett führt. Mit Katze!

Der große Bruder des Sandfeldgrabens, der Hasselbach, entspringt einem Quellgebiet im Barnstorfer Holz. Von dort fließt das Wasser unter dem Berliner Ring in den Schillerteich, tritt an der ehemaligen Schillermühle wieder aus und fließt weiter an der östlichen Dorfgrenze vorbei.

Zwischen Bahn und Kanal versorgt der Schillerbach noch die Wasserbecken der Teststrecke für Autostadt-Besucher, ehe er in den Hasselbach mündet und dieser in der Nähe des Schlosses in die Aller mündet.

Doch zurück zu unserem Geheimnis: „Als die Stadt Wolfsburg 1938 geplant wurde, zeigte sich schnell, dass Hasselbach und Schillerbach dem Straßen- und Häuserbau im Weg waren", führt Reinhold Kulbe aus. Anfang der 1940er-Jahre ließ die Stadt den Schillerbach vom Schillerteich trennen und das sumpfige Gelände bis zur Rothenfelder Straße zuschütten. Das wäre das Aus für den Sandfeldgraben gewesen, wenn nicht schon in früheren Zeiten der Hasselbach etwas von seinem Wasser an den Sandfeldgraben abgeführt hätte. Doch sowohl der Hasselbach als auch der Sandfeldgraben verschwanden in Rohren im Untergrund. Über dem Sandfeldgraben wurde ein Schotter-Parkplatz angelegt, die Harmonie des Ortes war zerstört. Erst nach dem Bau des Amtsgerichts (1987) am Rande von Heßlingen setzten sich Bürger dafür ein, den dörflichen Charakter dieser Traditionsinsel zu erhalten.

Neben dem Amtsgericht entstand ein schönes großes Wasserbecken, gespeist vom benachbarten Hasselbach, und über dem unterirdisch verlegten Sandfeldgraben wurde ein künstliches Bachbett angelegt. Ist das Wasserbecken gefüllt, fließt das überschießende Wasser durch dieses Bachbett, bis es in Nähe des Studentenwohnheims durch ein Rohr im darunterliegenden Sandfeldgraben verschwindet. Wer hat schon einen Bach in zwei Etagen?

Zurzeit ist der Graben fast ausgetrocknet. Der Grund: Das Wasserbecken wurde geleert und saniert. Inzwischen ist das Becken zwar wieder voll und der Überschuss könnte durch den Graben fließen, aber dazu müssten zunächst die Sträucher entfernt werden. Dann ergäbe auch die Brücke wieder einen Sinn.

Cathérine Fischer

....

So geht's zum Graben:

Im Ortsteil Heßlingen, beim Amtsgericht, kann man ihn entdecken.

Quellen, Literatur, Bildnachweis

Altschaffel, Joachim Ali: Ali Altschaffel. URL: http://www.altschaffel.com/. Abgerufen am 17.10.2016.

Ardapedia: Horus Engels, in: Tolkien Times vom 9. September 1991, S. 7, in: Herr der Ringe Film. de. URL: http://ardapedia.herr-der-ringe-film. de/index.php/Horus_Engels. Abgerufen am 10.11.2016.

Andersen, Eva: Wo Hoffmann bei Carl Grete verweilte. In: Wolfsburger Nachrichten, 23.07.2014.

Baracke. URL: http://www.duden.de/rechtschreibung/Baracke. Abgerufen am 15.10.2016.

Benz, Richard (Übersetzer): Ökumenisches Heiligenlexikon. Legende von Saint Christophorus. URL: https://www.heiligenlexikon.de/Legenda_Aurea/Christophorus.html. Abgerufen am 22.10.2016.

Berger, Andreas: Was dem einen seine Gans, ist dem andern sein Schwan. In: Wolfsburger Nachrichten. 09.07.2015.

Bernward Mediengesellschaft mbH: Antonius Holling in Wolfsburg. URL: http://www.bistumsgeschichten.de/menschen/antonius-holling-wolfsburg. Abgerufen am 20.12.2016.

Bischof, Carsten: Kräutermarkt soll an Herzogin Clara erinnern. URL: http://www.waz-online.de/Wolfsburg/Fallersleben/Kraeutermarkt-soll-an-Herzogin-Clara-erinnern. Abgerufen am 20.10.2016.

Bittermann Dr., Michael: Gedenkstättentour. Auf den Spuren der Erinnerung. URL: http://www.wolfsburg-bildet.de/Angebote/Exkursion_Gedenkstaettentour.php. Abgerufen am 14.11.2016.

Blüther, Paul-Gerhard: Flyer der Propstei zur Orgelsanierung.

Bögershausen, Karl-Heinz: Die Notkirche. URL: http://www.dekanat-wob-he.de/pfarrgemeinden/wolfsburg/st-christophorus/zur-geschichte-der-pfarrei/die-notkirche.html. Abgerufen am 24.10.2016.

Boetticher, Annette von, Stöber, Martin [Red.]:

Hoffmannstadt Fallersleben. Zeitreise durch ein Jahrtausend. Braunschweig 2010.

Brandes, Friedrich: Die St. Petri-Kirche in Vorsfelde. Braunschweig 1979, S. 6f.

Brosowsky, Bettina Maria: Barcelona in Wolfsburg. URL: http://www.taz.de/!5208805/. Abgerufen am 19.11.2016.

Brüdermann, Stefan: Norddeutscher Hegemoniekampf (1491–1523). In: Jarck, Horst-Rüdiger, Schildt, Gerhard (Hrsg.): Die Braunschweigische Landesgeschichte. Jahrtausendrückblick einer Region. Braunschweig 2000. S. 444 ff.

Chronist, Unterlage des Niedersächsischen Hauptstaatsarchivs Hannover, Akte Hann. 27, Hannover Nr. 264 Bd. IV: Chorographia der Hildesheimischen Stiftsfehde von Johannes Krabbe 1591, von Stefan Bruedermann.

Delius, Christian Heinrich: Die Hildesheimsche Stifts-Fehde des Jahres 1519. Leipzig 1803, Digitalisat.

Der Vorsfelder Revolutionär rettete seinen Hals mit Glück und Geschick. In: Wolfsburger Allgemeine Zeitung, 23.04.1992.

Deutsch-Russisches Museum Berlin-Karlshorst (Hrsg.): Wolfsburg Gedenkstätte / Gedenkstätte für die Opfer der nationalsozialistischen Gewaltherrschaft. URL: http://www.sowjetische-memoriale.de/index.cfm?inhalt=detail&lang=de&id=13386. Abgerufen am 14.11.2016.

Dpa: Altes Schloss voller moderner Kunst. URL: http://www.haz.de/Nachrichten/Kultur/Uebersicht/Altes-Schloss-voller-moderner-Kunst. Abgerufen am 17.10.2016.

Dpa: Heute vor 50 Jahren: Italiener erobern Wolfsburg. URL: http://www.pz-news.de/politik_artikel,-Heute-vor-50-Jahren-Italiener-erobern-Wolfsburg _arid,319082.html. Abgerufen am 21.10.2016.

Ebeling, Beate (Hrsg.): Allerhoheit – Auf den Spuren der Welfenherzogin Clara. URL: http://www.allerhoheit.de/. Abgerufen am 20.10.2016.

Ein streitbarer Geist: Hoffmann von Fallersleben. URL: http://www.ndr.de/kultur/geschichte/chronologie/Ein-streitbarer-Geist-

Hoffmann-von-Fallersleben,fallersleben101. html. Abgerufen am 14.12.2016.

Ein trauriger Tag für Wolfsburg: Vor zehn Jahren schloss Hertie. URL: http://www.waz-online.de/ Wolfsburg/Stadt-Wolfsburg/Ein-trauriger-Tag-fuer-Wolfsburg-Vor-zehn-Jahren-schloss-Hertie. Abgerufen am 18.11.2016.

Foedrowitz, Michael: Einmannbunker: Splitterschutzbauten und Brandwachenstände. Stuttgart 2007.

Franke, Ulrich: Leer stehende Porschehütte: Zukunft weiter ungewiss. URL: http://www.waz-online.de/Wolfsburg/Stadt-Wolfsburg/Leer-stehende-Porschehuette-Zukunft-weiter-ungewiss. Abgerufen am 10.11.2016.

Franke, Ulrich: Pfauenbrunnen leidet: Viele Mosaike kaputt. URL: http://www.waz-online. de/Wolfsburg/Stadt-Wolfsburg/Pfauenbrunnen-leidet-Viele-Mosaike-kaputt. Abgerufen am 18.11.2016.

Geffrath Dr., Bettina/Henkel Dr., Gabriele, Langermann, Christin (Hrsg.): Hoffmann von Fallersleben. Dichter, Germanist und singender Freiheitskämpfer. Zürich 2015, S. 10 ff., S. 101ff..

Grieger, Manfred: 9,70 Meter in die Tiefe und wieder hoch. URL: http://www.wolfsburger-nachrichten.de/wolfsburg/vw-das-werk/article152384522/9-70-Meter-in-die-Tiefe-und-wieder-hoch.html. Abgerufen am 18.11.2016.

Grieger, Manfred: Statt über Brücken geht es unterm Kanal zur Schicht bei VW. URL: http:// www.wolfsburger-nachrichten.de/wolfsburg/ vw-das-werk/article152380457/Statt-ueber-Bruecken-geht-es-unterm-Kanal-zur-Schicht-bei-VW.html. Abgerufen am 18.11.2016.

Grundsätze und Pflege der Waldpflege. URL: http://www.wolfsburg.de/ newsroom/2015/04/28/16/05/waldpflege. Abgerufen am 18.10.2016.

Hayn, Christoph: Selbstverwaltetes Jugendhaus Ost Wolfsburg. Bestandsuntersuchung. Weimar 2014.

Heimat- und Verkehrsvereins Fallersleben e.V. (Hrsg.): Fallersleben. Tradition und Gegenwart. Fallersleben 1982, S. 47.

Heinrich Büssing. URL: http://www. nordsteimke.de/buessing.htm. Abgerufen am 18.11.2016.

Heinrich-Büssing_Haus. URL: http://www. zeitorte.de/die-zeitorte/industrialisierung-moderne/heinrich-buessing-haus.html?tx_ eepcollect_pi1%5Bprozess%5D=add&tx_ eepcollect_pi1%5Bpid%5D=558&tx_eepcollect_ pi1%5Bctrl%5D=1465928380&cHash=3d695275 7275034978e3a90b9b44d032. Abgerufen am 18.11.2016.

Heinrichs, Otto: Geschichtliches über Fallersleben. Gifhorn 1938.

Herr der Ringe Film.de. URL: http://ardapedia. herr-der-ringe-film.de/index.php/Horus_Engels. Abgerufen am 10.11.2016.
Ohne Verfasser: Herzogin Clara – Statue wird jetzt enthüllt. URL: http://www.waz-online.de/ Wolfsburg/Fallersleben/Herzogin-Clara-Statue-wird-jetzt-enthuellt. Abgerufen am 20.10.2016.

Herzogin Clara erhält Denkmal. URL: http:// www.waz-online.de/Wolfsburg/Fallersleben/ Herzogin-Clara-erhaelt-Denkmal. Abgerufen am 20.10.2016.

Hoffmann von Fallersleben, Heinrich August: Autobiographisches. Mein Leben. Erster Teil. URL: http://www.zeno.org/Literatur/M/Hoffma nn+von+Fallersleben,+August+Heinrich/ Autobiographisches/Mein+Leben. Abgerufen am 13.12.2016.

Hoffmann, Thomas: St. Christophorus. Katholische Pfarrei Wolfsburg. URL: http:// www.kirchewolfsburg.de/index.php?id=20. Abgerufen am 22.10.2016.

Institut für Museen und Stadtgeschichte der Stadt Wolfsburg (Hrsg.): Schloss Wolfsburg. Geschichte und Kultur. Wolfsburg 2002, S. 36.

Krogt, van der, Peter und René: Pfauenbrunnen. URL: http://vanderkrogt.net/statues/object. php?webpage=ST&record=dens410. Abgerufen am 18.11.2016.

Kruse, Thomas: Pfauenbrunnen kehrt im September zurück. URL: http://www. wolfsburger-nachrichten.de/wolfsburg/ article150387810/Pfauenbrunnen-kehrt-im-September-zurueck.html. Abgerufen am 18.11.2016.

Krutsch, Wilhelm Robert: Wolfsburg. Beiträge zur Kulturlandschaftsgeschichte des Stadtgebietes vom Mittelalter bis zur Gegenwart. Braunschweig 1966, S. 121ff.

Kulbe, Reinhold: Ein Junge in der Stadt des KdF-Wagens. Wolfsburg 2013, S. 20 ff.

Kulbe, Reinhold: Vom Holz zum Stein. Stadtgeschichte(n) in Bildern. Wolfsburg 2015, S. 50ff.

Kultur- und Denkmalverein Fallersleben e.v. in Kooperation mit der Stadt Wolfsburg und dem Landkreis Gifhorn sowie mit der Wolfsburg Wirtschaft und Marketing GmbH: Prospekt AllerHoheit: Mit dem Fahrrad auf den Spuren der Welfenherzogin Clara.

Meier, J. P.: Die Bau- und Kunstdenkmäler des Kreises Helmstedt. Wolfenbüttel 1896.

Michalzik, Horst: Carl Grete rückt wieder ins Blickfeld. In: Wolfsburger Nachrichten, 09.05.1992.

Möller Dr., Reimer: Fallersleben-Laagberg: URL: http://www.kz-gedenkstaette-neuengamme.de/geschichte/kz-aussenlager/aussenlagerliste/fallersleben-laagberg-maenner/. Abgerufen am 29.11.2016.

Müller-Kudelka, Andrea: Sicherheit für Störche: Schornstein wird saniert. URL: http://www.waz-online.de/Wolfsburg/Vorsfelde/Sicherheit-fuer-Stoerche-Schornstein-wird-saniert. Abgerufen am 17.11.2016.

Paul-Kurt Bartzsch. URL: http://de.artprice.com/artist/230237/paul-kurt-bartzsch. Abgerufen am 18.11.2016.

Porsche Holding GmbH (Hrsg.): Ferdinand Porsche. Der Erfindergeist. URL: https://www.porsche-holding.com/de/geschichte/ferdinand_porsche/der_erfindergeist. Abgerufen am 10.11.2016.

Radtour Brunnen- und Quellenwanderung. URL: http://webcache.googleusercontent.com/search?q=cache:-_rBDiWzrt8J:www.wolfsburg.de/~/media/Wolfsburg/Statistik_Daten_Fakten/Rad/Radtour-Brunnen-und-Quellenwanderung-Laenge-14-km.ashx+&cd=1&hl=de&ct=clnk&gl=de&client=firefox-b-ab. Abgerufen am 17.10.2016.

Reichardt, Klaus: Heinrich-Büssing-Haus. URL: http://www.wolfsburg-citytour.de/Museen/Bucssing-Haus/buessing-haus.html. Abgerufen am 18.11.2016.

Renk, Dennis: Schützenkönig. URL: http://www.alle-schuetzenvereine.de/schuetzenkoenig/. Abgerufen am 17.10.2016.

Repplinger, Roger: VW fand gut, dass wir nicht den deutschen Frauen hinterherliefen. URL:

http://www.zeit.de/sport/2012-10/gastarbeiter-fussball-wolfsburg-vw. Abgerufen am 21.10.2016.

Rhode, Eberhard: Schulhaus in eine Gaststätte verwandelt. In: Wolfsburger Nachrichten, 21.11.2015.

Richter, Hedwig und Ralf: Die Gastarbeiter-Welt. Leben zwischen Palermo und Wolfsburg. Paderborn 2012, S. 9, S. 30ff., S. 45ff.

Riesener, Dirk: Das Amt Fallersleben – Texte zur Geschichte Wolfsburgs / Band 22.. Braunschweig 1992.

S.V. Jugendhaus Ost. URL: http://jugendhausost.blogspot.de/p/das-haus.html. Abgerufen am 15.10.2016.

Schiller, Tobias: Wolfsburg – Die „Stadt des KdF-Wagens". URL: http://www.tobias-schiller.de/arbeiten/Wolfsburg.pdf. Abgerufen am 18.11.2016.

Schloss Wolfsburg. URL: http://www.wolfsburg.de/kultur/museen/schloss-wolfsburg. Abgerufen am 17.10.2016.

Schnitzler, Arthur: Anatol. Anatols Größenwahn. Der grüne Kakadu. Stuttgart 2009, S. 38.

Schulze Dr., Hans-Georg, Ehmen-Eine Chronik, Texte zur Geschichte Wolfsburgs Band 4, Wolfsburg 1981, S. 69f.

Spangenberg, Wilhelm: Vorsfelder Chronik. Vorsfelde 1975, S. 105-112, S. 145, S. 172.

Stadt Wolfsburg. Institut für Museen und Stadtgeschichte (Hrsg.): Schloss Wolfsburg. Geschichte und Kultur, Wolfsburg 2002, S. 24, S. 36ff.

Stadtforst. URL: http://www.wolfsburg.de/leben/umweltnaturschutz/stadtforst. Abgerufen am 18.10.2016.

Stadtgeschichte: Schillermühle war ein Wahrzeichen. URL: http://www.waz-online.de/Wolfsburg/Stadt-Wolfsburg/Stadtgeschichte-Schillermuehle-war-ein-Wahrzeichen. Abgerufen am 20.10.2016.

Steckhan, Peter: Wolfsburg – Vorsfelde. Ev. Luth. Propsteikirche St. Petrus. Passau 2002, S. 2-22.

Storch landet wieder in Vorsfelde. URL: http://www.waz-online.de/Wolfsburg/Vorsfelde/

Storch-landet-wieder-in-Vorsfelde. Abgerufen am 17.11.2016.

Steinen, Johann Diederich von: Westphälische Geschichte mit vielen Kupfern. Dritter Theil. Lemgo 1757.

Stötzl, Christoph: Hoomannstadt Fallersleben – Zeitreise durch ein Jahrtausend. Wolfsburg 2010.

Strauß, Werner: Wolfsburg – Aufbruch in die Zukunft. Kleine Stadtgeschichte, Teil 2: 1990-2005, Texte zur Geschichte Wolfsburg Bd. 29. Wolfsburg 2005, S. 80-84.

Telge, Sylvia: Café Mückenstich. URL: http://www.waz-online.de/Wolfsburg/Stadt-Wolfsburg/Cafe-Mueckenstich-Politiker-wollen-Lokal-auf-Klieversberg. Abgerufen am 17.10.2016.

Telge, Sylvia: Extrem früh: Der erste Storch ist in Warmenau angekommen. URL: http://www.waz-online.de/Wolfsburg/Vorsfelde/Extrem-frueh-Der-erste-Storch-ist-in-Warmenau-angekommen. Abgerufen am 17.11.2016.

Trommer, Sigurd: Peter Koller, Erbauer der Stadt des KdF-Wagens, Stadtbaurat von Wolfsburg. URL: http://www.dhm.de/archiv/ausstellungen/aufbau_west_ost/katlg08.htm. Abgerufen am 18.11.2016.

Verwaltung Graf von der Schulenburg (Hrsg.): Verwaltung Günther Graf von der Schulenburg – Wolfsburg. URL: http://www.graf-schulenburg-wolfsburg.de/html/historie.html. Abgerufen 20.10.2016.

Volksbund Deutsche Kriegsgräberfürsorge (Hrsg.): Geschichts- und Erinnerungstafel Wolfsburg. URL: http://www.volksbund.de/fileadmin/redaktion/Landesverbaende/Niedersachsen/5_Schularbeit/5.3._Geschichtstafeln/Braunschweig/10_geschichtstafel_wolfsburg_2.pdf. Abgerufen am 14.11.2016.

Volksbund Deutsche Kriegsgräberfürsorge (Hrsg.): Geschichts- und Erinnerungstafel Wolfsburg. URL: http://www.volksbund.de/fileadmin/redaktion/Landesverbaende/Niedersachsen/5_Schularbeit/5.3._Geschichtstafeln/Braunschweig/10_geschichtstafel_wolfsburg_1.pdf. Abgerufen am 14.11.2016.

Volksbund Deutsche Kriegsgräberfürsorge e.V.: Wolfsburg, Gedenkstätte für die Opfer der Gewaltherrschaft. URL: http://www.volksbund.de/kriegsgraeberstaette/wolfsburg-gedenkstaette-fuer-die-opfer-der-gewaltherrschaft.html. Abgerufen am 14.11.2016.

Vorsfelde. Wolfsburgs größter Ortsteil. URL: http://www.wolfsburg.de/rathaus/sprechstellen/ortsteilseite-vorsfelde. Abgerufen am 17.11.2016.

Wikipedia: Anna Adelheit Catharina von Bartensleben. URL: https://de.wikipedia.org/wiki/Anna_Adelheit_Catharina_von_Bartensleben. Abgerufen am 21.11.2016.

Wikipedia: Heinrich Büssing. URL: https://de.wikipedia.org/wiki/Heinrich_B%C3%BCssing. Abgerufen am 28.11.2016.

Wikipedia: Max Jüdel. URL: https://de.wikipedia.org/wiki/Max_J%C3%BCdel. Abgerufen am 28.11.2016.

Wikipedia: Otto von Bismarck. URL: https://de.wikipedia.org/wiki/Otto_von_Bismarck. Abgerufen am 20.12.2016.

Wikipedia: Wolfsburg (Schloss). URL: https://de.wikipedia.org/wiki/Wolfsburg_(Schloss). Abgerufen am 20.11.2016.

Wikipedia: Wolfsburg (Schloss). URL: https://de.wikipedia.org/wiki/Wolfsburg_(Schloss). Abgerufen am 21.11.2016.

Wilhelm Robert Krutsch: Wolfsburg-Beiträge zur Kulturlandschaftsgeschichte des Stadtgebietes vom Mittelalter bis zur Gegenwart. Wolfsburg 1966, S. 111, S. 147, S. 217.

Wolfsburg – unsere Stadt. Herausgegeben von der Stadt Wolfsburg aus Anlaß ihres 25-jährigen Bestehens. Frankfurt o.J., S. 99 ff.

Wolfsburger Nachrichten: In Alt-Wolfsburg forderte man einst Wegezoll. Ausgabe vom 16.05.54, S. 12.

Wolgast, Otto: Heimatbuch Fallersleben. Fallersleben 1974.

Wurm, Helmut: Kurze biografische Bemerkungen zu Walter Scherf. URL: http://www.buendische-blaue-blume.de/index-Dateien/Kurze%20biografische%20Bemerkungen%20zu%20Walter%20Scherf.pdf. Abgerufen am 13.12.2016.

Bildnachweis
S. 9. Porträt Fischer: Christopher Weidner
S. 19 Inschrift: Historische Museen Wolfsburg

1 Steine mit Löchern
2 Holzstück
3 Stein-Pilz
4 Inschrift
5 Schwan
6 Gedenkstein
7 Parkplatz
8 Jugendhaus Ost
9 Fliesen
10 Fotografien
11 Mauerwerk
12 Carl-Grete-Gedenkstein
13 Tür
14 Wappen
15 Lehnsche Mühle
16 Hausmalerei
17 Henkereiche
18 Mühlstein
19 Torbogen
20 Tafel
21 Brücke
22 Schornstein
23 Platten
24 Balken
25 Familienwappen
26 Hochbehälter
27 Mini-Hügel
28 Gedenktafel
29 Mahnmal
30 Mauerreste
31 Steinkonsolen
32 Einmannbunker
33 Buchstaben
34 Stele
35 Büssing-Grabstein
36 Cones

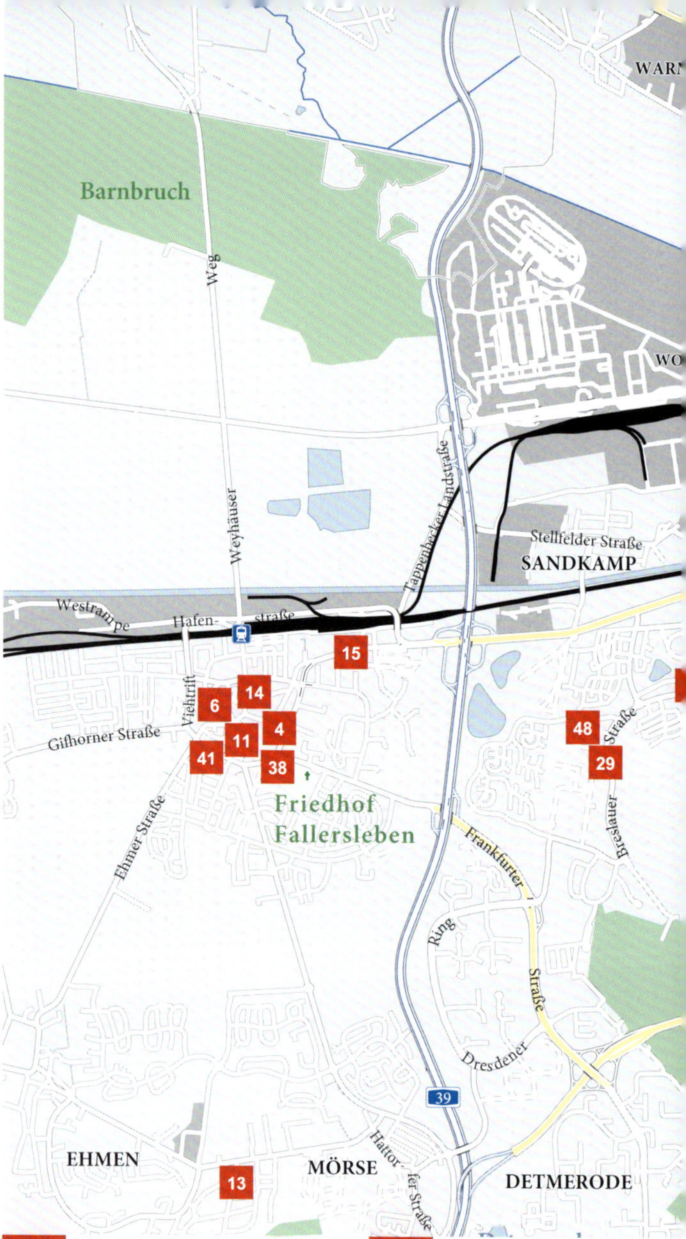

Barnbruch
Weyhäuser
Weg
Tappenbecker Landstraße
Stellfelder Straße
SANDKAMP
Westrampe
Hafen-
straße
Viehtrift
Gifhorner Straße
15
14
6
4
11
41
38
48
29
Breslauer
Straße
Friedhof
Fallersleben
Ehmer Straße
Frankfurter
Ring
Straße
Dresdener
39
Hattorfer Straße
EHMEN
13
MÖRSE
DETMERODE

37 Steinchen
38 Grabmale
39 Erker
40 Linde
41 Falsche Jahreszahl
42 Hütte
43 Loch

44 Geheimtreppe
45 Bank
46 Holztür
47 Rotheburg-Quelle
48 Straße der Schützenkön
49 Straßenrest
50 Graben

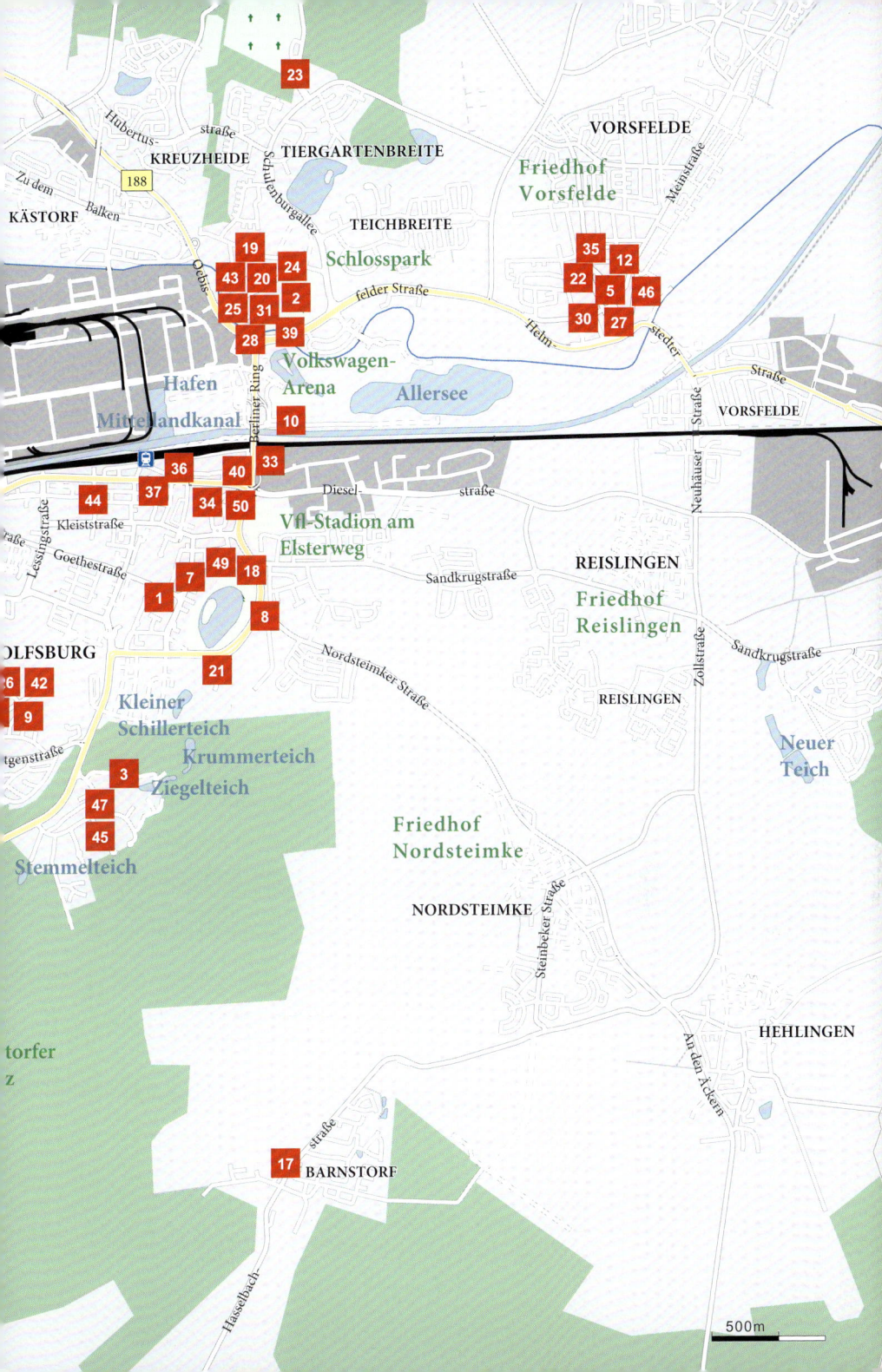

Hier gibt es sachkundige Informationen:

Kultur- und Denkmalverein Fallersleben e.V.
Die Geschichte der über 1.000 Jahre alten ehemaligen Stadt Fallersleben wird bei den Stadtführungen mit Straßentheater lebendig. Die Besucher erfahren dabei Wissenswertes, u.a. über die Welfen-Herzogin Clara und den Dichter August Heinrich Hoffmann von Fallersleben.
Leineweberstraße 4
38442 Wolfsburg-Fallersleben
Telefon: 05362 / 51789
E-Mail: info@kulturverein-fallersleben.de
Homepage: www.kulturverein-fallersleben.de

Städtische Galerie Wolfsburg
Sammlungs- und Wechselausstellungen sowie Veranstaltungen zur Kunst des 20. und 21. Jahrhunderts im Dialog mit der Architektur von Schloss Wolfsburg
Schloßstraße 8
38448 Wolfsburg
Telefon: 05361 / 281012
E-Mail: staedtische.galerie@stadt.wolfsburg.de
Homepage: www.staedtische-galerie-wolfsburg.de; Facebook: www.facebook.com/StaedtischeGalerieWolfsburg
Öffnungszeiten: Di. 13–20 Uhr, Mi. – Fr. 10–17 Uhr, Sa. 13–18 Uhr, So. 11–18 Uhr, Mo. geschlossen

Heimatstube des Heimatverein Vorsfelde
Meinstraße 13
38448 Wolfsburg-Vorsfelde
E-mail: drb_drm_leopold@gmx.net
Öffnungszeiten: Sa. 14–16 Uhr und nach Vereinbarung

Hoffmann-von-Fallersleben-Museum
Schloss Fallersleben
Schlossplatz 6
38442 Wolfsburg
Telefon: 05362 / 526 23
E-Mail: hoffmann.museum@stadt.wolfsburg.de
Homepage: www.wolfsburg.de/hoffmann-museum
Öffnungszeiten: Di.–Fr. 10–7 Uhr, Sa. 13–17 Uhr, So. /Feiertage 11–17 Uhr

....

Publikationen:

Anklam, Ewa: Adelslegitimation und Fürstendienst. Gebhard Werner Graf von der Schulenburg-Wolfsburg (1722 - 1788). Ein Briefwechsel mit Friedrich II. von Preußen. Wolfenbüttel 2007.

Geffrath, Dr. Bettina, Henkel, Dr. Gabriele, Langermann, Christin (Hrsg.): Hoffmann von Fallersleben. Dichter, Germanist und singender Freiheitskämpfer. Zürich 2015.

Krellig, Heiner: Feldmarschall und Kunstsammler Matthias Johann von der Schulenburg: (1661-1747); Ein unbekannter Bestand von Kunstwerken aus seiner Sammlung im Besitz der Grafen von der Schulenburg-Wolfsburg. Wolfsburger Beitrage zur Geschichte und Kunstgeschichte Band 4. Wolfsburg/Fallersleben 2011.

Kulbe, Reinhold: Vom Holz zum Stein – von den Baracken zu den ersten Wohnsiedlungen in Wolfsburg. Wolfsburg 2015.

Kulbe, Reinhold: Ein Junge in der Stadt des KdF-Wagens. Wolfsburg 2013.

Schulenburg-Wolfsburg, Frieda von der: Wolfsburg 1741-1941. Ein historisch-kulturgeschichtlicher Schlossführer. Wolfsburger Beiträge zur Geschichte und

Kunstgeschichte, Band 1, Bearb. u. Erg. v.: Steckhan, Peter.

Steckhan, Peter: Schloss Wolfsburg. Die historischen Garten- und Parkanlagen. Wolfsburger Beiträge zur Geschichte und Kunstgeschichte Band 2. Wolfsburg 2004.

Besuchen Sie uns im Internet: **www.bast-medien.de**

Haftungsausschluss

Trotz intensiven Austauschs mit unseren Gesprächspartnern, gewissenhafter Literaturrecherche und aufmerksamem Korrekturlesen erheben wir weder einen Anspruch auf Vollständigkeit noch auf Fehlerlosigkeit. Wir haben streng darauf geachtet, keine Urheberrechte zu verletzen, unsere Recherchen sind nach bestem Wissen und Gewissen erfolgt. Dennoch übernehmen wir keinerlei Gewähr für die Aktualität, Korrektheit oder Vollständigkeit der bereitgestellten Informationen. Haftungsansprüche gegen uns schließen wir grundsätzlich aus.

DIE

Geheimnisse der Heimat

GIBT ES JETZT NEU IN ...

Augsburg	Magdeburg
Braunschweig	Minden
Frankfurt	München (Band 2)
Köln	Salzgitter
Lübeck	Wolfsburg

Seit 2011 haben wir rund 40 „Geheimnisse"-Titel produziert. Alle Städte finden Sie unter www.bast-medien.de

DIE REIHE

Was die Stadt prägte

(EHEMALS „KALENDERBLÄTTER") GIBT ES IN ...

Bamberg	München
Konstanz	Würzburg

52 große und kleine Begegnungen mit der Stadtgeschichte, passend zu den Kalenderwochen

DIE

Geheimnisse

GIBT ES AUCH ÜBER ...

Erfindungen	Redewendungen

50 spannende Geschichten zu überregionalen Themen